LISTE

DES

ENTREPRENEURS-PROPRIÉTAIRES

DES VOITURES DE PLACE.

LISTE

DES

ENTREPRENEURS-PROPRIÉTAIRES

DES VOITURES DE PLACE,

Dressée en vertu de l'Ordonnance de police,
du 4 Mai 1813.

PARIS,
IMPRIMERIE D'A. BÉRAUD.

1827.

PRÉFECTURE DE POLICE.

ORDONNANCE concernant les Fiacres et les Cabriolets de place dans l'intérieur de Paris.

Paris, le 4 Mai 1813.

Nous Étienne-Denis Pasquier, Conseiller d'État, chargé du 4me arrondissement de la Police générale, Préfet de Police du département de la Seine et des communes de Saint-Cloud, Sèvres et Meudon du département de Seine et Oise, etc.;

Vu les articles 2, 22 et 31 de l'arrêté du Gouvernement du 12 messidor an 8, et l'article 1er de celui du 3 brumaire an 9;

Vu le décret du 9 juin 1808;

ORDONNONS ce qui suit :

*

§. 1er.

Des Voitures de place.

Art. 1er. Avant le 1er juin prochain, les propriétaires de fiacres et de cabriolets de place de l'intérieur de Paris devront faire à la Préfecture de police une nouvelle déclaration de leurs voitures.

2. Dans un mois, à compter du 1er juin, le numérotage des fiacres et des cabriolet de place de l'intérieur et les permis de stationnement seront rénouvelés.

3. Le numérotage séra adjugé au rabais, par voie de soumissions cachetées, à la Préfecture de police, en présence de trois loueurs par nous désignés à cet effet.

4. Il est défendu aux loueurs et à tous autres de s'immiscer dans le numérotage des voitures, en quelque tems et sous quelque prétexte que ce soit.

5. Tout loueur de carrosses et de cabriolets de place séra tenu, dans le délai fixé

par l'article II, de se présenter à la Préfecture de police , pour obtenir le numéro et le permis de stationnement de chacune de ses voitures.

6. Ce délai passé, aucun loueur ne pourra faire stationner des voitures dont le numéro et le permis n'auraient pas été renouvelés.

7. Des numéros seront placés dans la partie supérieure du panneau de derrière , et sur les deux panneaux de côté de chaque voiture.

Ils seront peints à l'huile, en noir, sur un écusson blanc, et en chiffres arabes, suivant les dimensions qui seront déterminées.

Ils seront peints aussi sur une tablette en fer battu, ayant 13 centimètres de long, sur 7 centimètres de hauteur, laquelle sera fixée à vis et écrous dans l'intérieur de chaque voiture.

8. Les nouveaux numéros ne pourront être

effacés ni changés sans notre autorisation.

9. Les nouveaux numéros et permis de stationnement ne seront accordés qu'après visite des chevaux, voitures et harnois.

10. Cette visite sera faite par le Commissaire de police du quartier, assisté d'un Officier de paix et de l'Expert vétérinaire de la Préfecture de police.

Il en sera dressé procès-verbal qui nous sera transmis.

11. Il sera constaté par le procès-verbal,

1° Si chaque voiture est construite avec la solidité convenable dans toutes ses parties;

2° Si les harnais sont en bon état;

3° Si les chevaux sont propres au service.

12. Il sera fait annuellement de pareilles visites dans les mois d'avril et d'octobre.

13. Il sera fait en outre, par les Commissaires de police, et aux mêmes fins, de

fréquentes visites chez les loueurs de leurs quartiers respectifs.

14. Dans le cas où ils trouveraient des voitures en mauvais état, ils pourront provisoirement en interdire l'usage.

15. Les procès-verbaux de visite nous seront transmis dans les vingt-quatre heures.

Il y sera fait mention des voitures interdites et des causes de leur interdiction.

16. L'Expert vétérinaire de la Préfecture de police fera également de fréquentes visites chez les loueurs, à l'effet de s'assurer de l'état de leurs chevaux.

Il nous fera connaître les loueurs qui auraient des chevaux incapables de servir.

17. Dans le cas où il trouverait chez les loueurs, des chevaux atteints de maladies contagieuses, il requerra le Commissaire de s'y transporter et d'en dresser procès-verbal.

18. Si la maladie n'est pas contestée, le

cheval qui eu sera atteint sera marqué pour être livré à l'écarrissage.

En cas de contestation, il nous en sera référé.

Provisoirement le cheval sera déposé dans un lieu séparé.

19. Les voitures stationnant sur place, qui seront reconnues en mauvais état, seront envoyées sur-le-champ à la fourrière de la Préfecture de police.

20. A l'avenir, il ne sera point accordé de stationnement pour des carrosses, s'ils ne sont construits en forme de Berlines.

21. Les voitures coupées, dites *Diligences* ou *trois quarts*, dont les numéros et permis de stationnement auront été renouvelés, conformément à l'article II, continueront à être mises sur place, tant qu'elles seront reconnues en état de solidité convenable.

§. 2me.

Des Loueurs.

22. Il ne sera accordé de permis à aucun

loueur, s'il ne présente une garantie suf-
fisante à l'autorité et au public.

23. Tout loueur est tenu de placer au-
dessus de la porte de son établissement, un
tableau indicatif de ses nom et profession.

24. Aucun carrosse ou cabriolet de place
ne pourra être vendu sans une déclaration
préalable à la Préfecture de police, tant
par le vendeur que par l'acheteur.

25. Il est défendu aux loueurs de prêter
leurs noms à qui que ce soit, pas même
aux acquéreurs de leurs équipages et chevaux, pour faire stationner et circuler des
carrosses ou cabriolets.

26. Les loueurs ne pourront mettre sur
place que des voitures en bon état.

Il leur est défendu d'employer des chevaux vicieux, trop faibles ou atteints de
maladies.

27. Les loueurs ne pourront se servir
que de cochers porteurs d'un livret délivré

par la Préfecture de police, et d'une carte de sûreté ou permis de séjour.

28. Tout loueur de voitures, en prenant un cocher, est tenu d'inscrire sur son livret, date de son entrée au service.

29. Chaque loueur tiendra un registre sur lequel il inscrira de suite les nom et domicile de chacun de ses cochers, et le numéro de la voiture qu'il lui aura donné à conduire.

30. Les loueurs remettront à chacun de leurs cochers ou conducteurs le livret de maître contenant la présente ordonnance, le numéro et le permis de stationnément de la voiture qu'ils lui auront confiée.

31. Tout cocher prévenu de délit, contravention ou dommages, doit être représenté par le loueur qui l'emploie, à la Préfecture de police.

S'il ne peut être représenté, le loueur sera tenu de faire, dans le jour, à la Préfecture, le dépôt de son livret.

Si le livret n'est pas déposé, il pourra être consigné une ou plusieurs voitures du loueur.

32. Les voitures et les chevaux qui, pour raison de délit, contravention ou dommages commis ou causés par un cocher ou conducteur, auront été mis en fourrière, pourront être rendus au loueur auquel ils appartiennent, si la garantie civile est suffisamment assurée à son égard.

33. Lorsqu'un cocher quittera le service d'un loueur, celui-ci sera tenu d'inscrire, sur le livret du cocher ou conducteur, un congé d'acquit, avec mention de la date de sa sortie.

Le loueur est tenu d'envoyer le livret à la Préfecture, dans les vingt-quatre heures.

34. Dans le cas où un loueur refuserait le congé d'acquit, il sera tenu de déposer, dans le jour, le livret du cocher à la Préfecture, et d'y faire connaître les motifs de son refus, pour être statué par nous.

35. Aucunes dettes, autres que celles des cochers, envers les loueurs, ne peuvent être inscrites sur les livrets des cochers.

§. 3me.

Des Cochers.

36. Tout cocher ou conducteur doit être inscrit à la Préfecture de police, et y avoir obtenu un livret.

37. Aucun cocher ne sera inscrit s'il n'est âgé au moins de 18 ans, et s'il n'est porteur d'une carte de sûreté ou permis de séjour.

38. Les livrets delivrés aux cochers et conducteurs des voitures de place, resteront en dépôt à la Préfecture de police, jusqu'à ce que les cochers et conducteurs aient trouvé à se placer.

39. Lorsqu'un cocher ou conducteur aura quitté le service d'un loueur, son livret restera déposé à la Préfecture de police, jusqu'à ce qu'il ait trouvé du service chez un autre loueur.

40. En échange des livrets déposés aux

termes des deux articles précédens, il sera délivré aux cochers ou conducteurs un bulletin de dépôt.

Ce bulletin sera rapporté, dans le jour, par le loueur chez lequel ils auront pris du service.

41. Les livrets ne seront remis qu'aux loueurs au service desquels entreront les cochers ou conducteurs.

Les loueurs retiendront les livrets entre leurs mains.

42. Tout cocher ou conducteur, conduisant une voiture, doit être muni, 1° du livret de maître contenant le numéro, le permis de stationnement, et la présente ordonnance; 2° de sa carte de sûreté ou permis de séjour.

43. Aucun cocher ne peut quitter le service d'un loueur sans l'avoir prévenu cinq jours d'avance.

Le loueur sera tenu d'en faire mention sur le livret du cocher.

44. Les loueurs ne peuvent être forcés de recevoir plus d'un congé le même jour.

45. Tout cocher ou conducteur, en quittant le service d'un loueur, lors même que le loueur lui aurait refusé un congé d'acquit, est tenu de lui remettre le livret de maître contenant le permis de stationnement de la voiture qu'il était chargé de conduire.

46. Toute coalition tendante à imposer des conditions aux loueurs, est défendue aux cochers sous les peines de droit.

47. Tout apprenti devra être muni d'une permission délivrée par nous.

Cette permission ne lui sera donnée que sur le certificat de son maître.

48. Les apprentis ne pourront jamais conduire seuls.

49. Les apprentis ne pourront monter sur le siège pendant la nuit.

§. 4me.

Stationnement, Louage et Conduite.

50. Il est défendu aux loueurs, cochers et conducteurs de faire stationner leurs voitures, sous quelque prétexte que ce soit, ailleurs que sur les places à ce affectées, à moins que leurs voitures ne soient louées.

51. Il est défendu de faire stationner aucune voiture sur la place de la rue de la Féronnerie avant neuf heures du matin, du 1er avril au 1er octobre, et avant dix heures, du 1er octobre au 1er avril.

Aucune voiture de louage ne peut stationner sur cette place après minuit.

52. Dans les rues et places de stationnement, il est enjoint aux cochers et conducteurs de laisser, entre les voitures et les maisons, un passage libre pour la circulation.

53. Les cochers et conducteurs se tien-

dront sur leur siège ou à la tête de leurs chevaux. Ils conserveront le rang de leur arrivée aux places de stationnement.

Il leur est défendu d'interrompre la file de stationnement.

54. Aucun cocher ou conducteur de voiture stationnée sur une place de louage, ne peut, sous quelque prétexte que ce soit, se refuser à marcher à toute réquisition.

55. Il est défendu à tout cocher de carrosse de place, de le laisser conduire par qui que ce soit, même par un autre cocher.

56. Il est défendu aux cochers de laisser qui que ce soit sur leur siège, à l'exception des apprentis autorisés.

57. Les cochers ne pourront être contraints de recevoir, dans leurs voitures, plus de quatre personnes et un enfant.

58. Il est défendu à tout conducteur de cabriolet de le laisser conduire par des femmes ou des enfans, à peine, contre le

propriétaire du cabriolet, d'être privé de son permis de stationnement et sans préjudice de la garantie civile en cas de délit, contravention ou dommages.

59. Il est défendu aux cochers et conducteurs de traverser les halles du centre avant dix heures du matin.

Ils ne doivent, en aucun temps, traverser la place des Innocens.

60. Les cochers et conducteurs en traversant les halles et marchés, ne doivent conduire leurs chevaux qu'au pas.

61. Les loueurs et conducteurs de cabriolet sont tenus d'attacher au col de leurs chevaux un fort grelot mobile.

62. Il est enjoint aux cochers et conducteurs de visiter, immédiatement après chaque course, l'intérieur de leurs voitures, et de remettre aux personnes qu'ils auront conduites les effets qu'elles y auraient laissés.

Dans le cas où cette remise serait impossible, il leur est enjoint de faire, dans le jour, le dépôt de ces effets à la Préfecture de police.

63. Il est défendu aux cochers et conducteurs de circuler à vide, soit de jour, soit de nuit, pour offrir leurs voitures.

§. 5me.

Tarif du Louage.

CARROSSES ET CABRIOLETS.

64. . . . .

Pour aller en carrosse à Bicêtre. 4 »
Pour y aller, y rester une heure et revenir. . . . . 6 »

65. . . . .

66. . . . .

(*Voir, pour le tarif général, l'Ordonnance du 29 Novembre 1825, page 39*).

67. Tout cocher ou conducteur qui aura été appelé et qui sera renvoyé sans être employé, recevra le prix d'une demi-course, pour indemnité de son déplacement.

68. Tout cocher ou conducteur qui, dans une course, aura été détourné de son chemin, est censé avoir été pris à l'heure, et doit être payé en conséquence.

69. Les cochers se feront payer d'avance, lorsqu'ils conduiront des personnes aux spectacles, bals et lieux de réunions ou divertissemens publics.

§. 6me.

Dispositions générales.

70. Tout cocher ou conducteur est tenu de représenter le livret contenant le numéro, le permis de stationnement et la présente ordonnance, à toute réquisition des préposés de la police et de l'administration des droits

réunis, ainsi que des personnes qui auront fait usage de sa voiture.

71. Les loueurs, cochers et conducteurs sont tenus, lorsqu'ils changeront de domicile, d'en faire, au moins huit jours d'avance, leur déclaration à la Préfecture de police.

72. Les contraventions à la présente ordonnance seront constatées, soit par des procès-verbaux, soit par des rapports des officiers de paix et des préposés de la Préfecture de police.

73. Il sera pris envers les contrevenans telles mesures de police administrative qu'il appartiendra, sans préjudice des poursuites à exercer contre eux devant les tribunaux.

74. La présente ordonnance sera imprimée, publiée et affichée.

Les commissaires de police, l'inspecteur-général de police ; les officiers de

paix et les préposés de la Préfecture sont
chargés d'en surveiller l'exécution.

Le Conseiller d'État, Préfet,

Signé **PASQUIER.**

Par le Conseiller d'État, Préfet,

Le Secrétaire-général,

Signé **PHS.**

~~~~~~~~~~~~~~~~~~~~~~~~~~~~~~~~~~~~~

CONSIGNE

*Relative aux Cochers et à leurs
Voitures.*

Paris, le 30 Juillet 1816.

LORSQU'UN cocher sera arrêté et amené
avec sa voiture à la Préfecture de police, il
sera pris les mesures suivantes :

1° S'il a été causé quelque dégât dont le
~~~~~~~~~~~~~~~~~~~~~~~~~~~~~~~~~~~~~

loueur est responsable ; la voiture doit être retenue pour sûreté du dommage.

2° Si le conducteur est propriétaire de la voiture, il ne sera pas mis en prison à raison d'une contravention aux réglemens, mais la voiture sera retenue; quant aux chevaux, ils lui seront rendus ou mis en fourrière suivant les circonstances.

3° Si c'est de la part du cocher une contravention dont il est seul coupable, le cocher sera provisoirement mis au dépôt jusqu'à ce qu'il en soit autrement ordonné.

Dans ce dernier cas, la voiture sera renvoyée au propriétaire et à ses frais par un commissionnaire.

ORDONNANCE

CONCERNANT LES CABRIOLETS.

Paris, le 16 Juillet 1823.

Nous, Conseiller d'État, Préfet de police,

Considérant que, depuis la publication de l'ordonnance de police du 14 novembre 1814, beaucoup de cabriolets ont été vendus ou ont cessé de rouler sans qu'il en ait été fait la déclaration à la Préfecture de police, et que des délits ou contraventions commis sur la voie publique sont demeurés impunis en raison de l'impossibilité d'en découvrir les auteurs lorsque la voiture n'a pu être arrêtée au moment de l'événement;

Considérant aussi que des propriétaires ou conducteurs de cabriolets s'immiscent induement dans le service des voitures de place, soit en raccolant les passans sous le prétexte de leur louer à la course ou à l'heure des cabriolets bourgeois et de remise, soit en parcourant la voie publique pour offrir leurs voitures à ceux qui veulent en faire usage;

Que, par suite de cet abus, les points les plus fréquentés de la capitale sont journellement encombrés, que les conducteurs des voitures sous remise, n'étant point soumis à l'action directe de la police, les vexations et infidélités dont ils se rendent coupables envers les personnes qui les emploient à la course et à l'heure sont difficilement réprimées; et qu'il en résulte des désordres qu'il importe de faire cesser dans l'intérêt de la sûreté des habitans, et de la libre circulation sur la voie publique;

Vu, 1° la loi des 16-24 août 1790;

2° Les art. 2, 22 et 32 de l'arrêté du Gouvernement du 12 messidor an VIII, et l'art. 1er de l'arrêté du 3 brumaire an IX;

3° Le décret du 9 juin 1808, et l'ordonnance du Roi du 21 octobre 1816, qui ont déterminé le droit à payer au profit de la ville de Paris pour chaque voiture autorisée à stationner sur les places dans Paris ;

4° L'arrêt du Parlement, du 5 décembre 1668 ;

5° Les articles 471, 474 et 484 du code pénal ;

ORDONNONS ce qui suit :

ART. 1er. Il sera procédé à un nouveau numérotage de tous les cabriolets, autres que ceux de place, circulant dans Paris.

A cet effet, dans le délai de *deux mois*, à compter du jour de la publication de la présente ordonnance, toute personne domiciliée dans le département de la Seine, et dans les communes de Meudon, Sèvres et Saint-Cloud, qui sera propriétaire d'un cabriolet pour son usage particulier, devra en faire la déclaration à la Préfecture de police.

Les propriétaires des cabriolets loués sous

remise à des particuliers , pour la journée , au mois ou à l'année ; seront tenus de faire la même déclaration dans le délai d'*un mois.*

2. Il est expressément défendu aux propriétaires des cabriolets bourgeois ou de remise de s'immiscer, sous quelque prétexte que ce soit, dans le service do place et conséquemment de les louer à l'heure et à la course ; de les exposer, pour les louer, sur la voie publique ; soit en y restant stationnaires, soit en la parcourant et offrant leurs voitures aux passans.

Il leur est aussi défendu d'annoncer ou faire annoncer de vive voix, au moyen d'écriteau, affiches ou autrement, qu'ils louent leurs voitures à l'heure ou à la course, à moins qu'ils n'en aient obtenu l'autorisation spéciale antérieurement à la publication de la présente ordonnance.

3. Il sera délivré à ceux qui feront les déclarations prescrites par les articles précé-

dens, des numéros pour être mis sur le panneau de derrière et sur les deux panneaux de côté du cabriolet.

Ces numéros seront pour les cabriolets bourgeois en chiffres arabes *rouges*, de 5 centimètres et demi (deux pouces) de hauteur.

4. Ceux des cabriolets de remise seront en chiffres *jaunes*, de mêmes dimensions, sur un écusson noir, .*.

5. Les cabriolets loués sous remise continueront d'être numérotés par le peintre à ce préposé par la police.

6. Les chevaux de cabriolets porteront au cou un grelot mobile de cuivre battu, et dont le bruit puisse avertir les passans.

Pendant la nuit, les cabriolets seront garnis de deux lanternes adaptées à chaque côté de la caisse et allumées à la chûte du jour.

* D'après une décision subséquente, les cabriolets de remise ont aussi des numéros rouges.

*

7. Toute personne conduisant un cabriolet dans les rues de Paris, ne pourra mener son cheval qu'au petit trot. Il ne sera conduit qu'au pas dans les marchés, ainsi que dans les rues étroites où deux voitures ne peuvent passer de front. Aucun cabriolet ne devra être conduit par des femmes, ou par des enfans au-dessous de 18 ans.

8. Les propriétaires de cabriolets seront tenus, lorsqu'ils changeront de domicile, d'en faire préalablement la déclaration à la Préfecture de police.

En cas de vente des cabriolets, il en sera fait aussi la déclaration.

9. Les personnes qui ne sont point domiciliées, dans le département de la Seine et dans les communes de Saint-Cloud, Sèvres, et Meudon, et qui viendront à Paris avec un cabriolet à leur usage particulier, justifieront de leur domicile, dans le cas où leur cabriolet serait arrêté comme ne

portant point de numéros, lanternes ni grelots.

10. Il n'est point dérogé aux ordonnances de police concernant les cabriolets de place, et notamment à celle du 4 mai 1813, lesquelles continueront de recevoir leur exécution.

Les loueurs de cabriolets de place seront tenus d'avoir également un grelot mobile de cuivre battu au cou de leurs chevaux, et d'adapter à chaque côté de la caisse de leurs cabriolets des lanternes allumées, à la chute du jour.

11. Les contraventions aux dispositions ci-dessus seront constatées, soit par des procès-verbaux, soit par des rapports qui nous seront transmis.

12. Il sera pris envers les contrevenans telles mesures qu'il appartiendra, sans préjudice des poursuites à exercer contr'eux devant les tribunaux.

13. La présente ordonnance sera imprimée et affichée.

Les Sous-Préfets des arrondissemens do Saint-Denis et de Sceaux, les Maires des communes rurales du ressort de la police de Paris, les Commissaires de police, le Chef de la police centrale, les Officiers de paix ou les Préposés de la police sont chargés de tenir la main à son exécution.

Le Conseiller d'État, Préfet de police,

Signé G. DELAVAU.

Par le Conseiller d'État, Préfet;

Le Secrétaire-général,

Signé L. DE FOUGÈRES.

Paris, le 19 Mai 1824.

INSTRUCTION-CONSIGNE

Pour les Cochers et Conducteurs de Voitures de place.

Les principales obligations que les cochers de place prennent l'engagement de remplir, en obtenant la permission d'exercer leur profession, sont :

1° De n'arriver le matin, sur les places de stationnement, qu'avec des voitures dans le meilleur état de propreté, soit à l'intérieur, soit à l'extérieur) de ne confier la conduite de leurs voitures à personne ;

2° De rester constamment à leurs voitures, surtout lorsqu'elles sont à la tête des places ;

3° De marcher à toute heure, à toute réquisition, et pour quelque destination que ce soit, dans l'intérieur de Paris, sans exiger plus qu'il n'est accordé par les tarifs ;

4° De ne laisser monter personne à côté d'eux sur le siége, excepté les apprentis autorisés, porteurs d'une plaque, ni, derrière leur voiture, d'autres individus que les domestiques des personnes qu'ils conduisent ;

5° De conduire avec prudence et au petit trot, principalement au détour des rues ;

6° De ne point accrocher leurs sacs à avoine ou musettes à leur siége, ni à aucune autre partie extérieure de leur voiture ;

7° D'être toujours proprement habillés, de se vêtir des effets uniformes, prescrits par les réglemens de police, et de ne point conduire ni parler au public en fumant ;

8° De ne jamais conduire en chemise, sans col, ni manches retroussées ;

9° De faire, avec soin, la visite de leurs voitures après chaque course, et de répor-ter, le lendemain au plus tard, à la Préfec-

ture de police, les objets qu'ils y auraient
trouvés;

10° De déposer exactement, entre les
mains de leurs maîtres, la somme que chaque
cocher est tenu de mettre en réserve pour
former sa masse;

11° D'être honnête et même prévenant
avec le public, et surtout avec les personnes
qui, par leur âge, leur sexe ou leur état,
ont droit à des égards particuliers.

Les cochers qui, par insouciance ou mau-
vaise volonté, négligeraient de se conformer
à la présente instruction, s'exposent à être
mis à pied, et, en cas de récidive, à être
rayés définitivement des contrôles.

L'Administration se réserve de sus-
pendre, et, selon les circonstances, de
retirer pour toujours le permis de stationnement à tout loueur qui emploiera un
cocher, pendant sa mise à pied ou après sa
radiation des contrôles.

La présente instruction sera imprimée

et distribuée, tant sur les places que dans les divers établissemens, afin que les loueurs et les cochers de place ne puissent prétendre en ignorer les dispositions.

Le Conseiller d'Etat, Préfet,
Signé G. DELAVAU.

Pour copie conforme :
Le Secrétaire-général,
L. DE FOUGÈRES.

~~~~~~

Paris, le 19 Octobre 1825.

Nous Conseiller d'État, Préfet de police,

Considérant que le nombre des carrosses de place est habituellement insuffisant à certaines époques de l'année ainsi que les dimanches et jours fériés, et voulant en conséquence donner à cette partie du service l'extension qu'elle peut recevoir sans augmenter pendant les jours ordinaires les causes déjà si
~~~~~~

multipliées d'embarras et d'accidens sur la voie publique ;

Vu la loi des 16-24 août 1790, art. 1 et 3, et les articles 2, 22 et 32 de l'arrêté du gouvernement, du 12 messidor an VIII (1er juillet 1800);

ARRÊTONS ce qui suit :

ART. Ier. Il pourra être mis en circulation dans Paris, à compter du dimanche 4 décembre prochain, deux cents carrosses de place de service supplémentaire.

A partir de ce jour, 29 octobre, il ne sera plus délivré aucun numéro de calèches.

2. Les carrosses supplémentaires ne pourront circuler et stationner sur les places que les jours et aux époques ci-après déterminés, SAVOIR :

Les Dimanches,

Les quatre grandes Fêtes reconnues,

Le jour de la Fête du Roi ,

La dernière quinzaine de décembre, à partir du 16 ,

4

Les quinze premiers jours de janvier,
Du jeudi-gras au mardi-gras,
Le jeudi de la mi-carême.

3. Les carrosses supplémentaires seront désignés au public par des numéros *blancs*, peints sur une plaque noire mobile de métal, de 10 pouces (27 centimètres) de large, sur 6 pouces ½ (18 centimètres) de haut, adaptée au moyen de coulisseaux ou crampons, à l'angle supérieur de chacun des deux panneaux noirs du devant de la caisse.

Le même numéro sera peint en petits chiffres au-dessous de la glace de droite, au-devant de la voiture.

Les numéros et les permis de stationnement nécessaires seront délivrés à la Préfecture de police.

4. Tous les réglemens concernant les voitures de place et notamment l'ordonnance de police, du 4 mai 1813, seront applicables aux carrosses du service supplémentaire.

5. Le présent arrêt sera imprimé,

Des exemplaires en seront adressés au chef de la police centrale, aux Commissaires de police, ainsi qu'aux divers agens de l'administration chargés par leurs attributions d'en surveiller l'exécution.

Le Conseiller d'état, Préfet de police,
Signé G. DELAVAU.

Par le Conseiller d'état, Préfet.
Le Secrétaire-général,
Signé L. DE FOUGÈRES.

ORDONNANCE

Concernant les Voitures de Place,

Paris, le 29 Novembre 1825.

NOUS, CONSEILLER D'ÉTAT, PRÉFET DE POLICE,

Considérant que l'expérience démontre que les divers prix fixés par les tarif, concernant les voitures de place, ne sont point établis dans de justes proportions ; d'où il résulte fréquemment, entre le public et les cochers, des difficultés dont le principe ne peut être détruit qu'en rétablissant l'équilibre entre la taxe du service à l'heure et celle du service à la course, et que, d'une autre part, le doublement du prix de la course et de l'heure après minuit est trop onéreux et excite d'autant plus les cochers à élever continuellement des contestations sur le véritable instant où ils ont été pris;

Considérant que la surveillance ne peut être exercée utilement pour le public, sur les places de stationnement, qu'en donnant à ceux qui en sont chargés une nouvelle organisation qui leur procure la force nécessaire pour maintenir les cochers dans le devoir, et leur fournisse les moyens de tenir note exacte du mouvement des voitures sur chaque place;

Vu la loi des 16—24 août 1790, articles 1 et 3, et les articles 2, 22 et 32 de l'arrêté

du Gouvernement, du 12 messidor an VIII
(1er juillet 1800);

ORDONNONS ce qui suit :

ART. Ier. A compter du 8 Décembre prochain, le prix des courses des voitures de
place, dans Paris , sera réglé ainsi qu'il
suit :

CARROSSES.

De six heures du matin à minuit.

	fr.	c.
Pour chaque course	1	50
Pour la première heure.	2	25
Pour chacune des autres heures.	1	75

De minuit à six heures du matin.

	fr.	c.
Pour chaque course	2	»
Pour chaque heure.	3	»

CABRIOLETS.

De six heures du matin à minuit.

	fr.	c.
Pour chaque course	1	25
Pour la première heure. . . .	1	75
Pour chacune des autres heures.	1	50

De minuit à six heures du matin.

Pour chaque course. . . . . . . 1 f. 65 c.
Pour chaque heure 2   50

II. Tout cocher pris avant minuit et qui arrivera à destination après minuit, n'aura droit qu'aux prix du tarif de jour, mais seulement pour la première course où la première heure.

Celui qui aura été pris avant six heures du matin, et qui n'arrivera à sa destination qu'après six heures, aura droit au tarif de nuit , mais seulement pour la première course ou la première heure.

III. Lorsqu'une voiture est sur place, le cocher doit marcher à toute réquisition, même pour aller charger à domicile.

IV. Tout cocher qui aura été appelé sur place pour aller à domicile, et qui sera renvoyé sans être employé, recevra seulement le prix d'une demi-course à titre d'indemnité de déplacement.

V. Tout cocher qui, dans une course, est détourné de son chemin par la volonté de la personne qui l'emploie, est censé avoir été pris à l'heure, et sera payé en conséquence.

VI. Les cochers pourront se faire payer d'avance lorsqu'ils conduiront des personnes aux spectacles, bals et lieux de réunion et divertissemens publics.

Ils pourront aussi demander à être payés lorsqu'ils descendront quelqu'un à l'entrée d'un jardin où il est notoire qu'il existe plusieurs issues.

VII. Le cocher qui consent à charger pendant qu'il se rend à une place de stationnement, ou lorsqu'il se trouve hors de place, est censé avoir été pris sur place.

VIII. Les cochers doivent marcher à toute réquisition et à toute heure, quel que soit le rang que leurs voitures occupent dans la file de la place.

Les trois premiers en tête ne doivent, sous aucun prétexte, quitter leurs voitures.

IX. Les cochers doivent toujours conduire leurs chevaux au trot et d'une manière loyale.

Il leur est enjoint d'aller modérément dans les descentes et au détour des rues.

Il leur est expressément défendu de surmener leurs chevaux et de les faire galoper.

X. Tout cocher qui refusera de marcher à l'heure, qui exigera des prix excédant le tarif, ou qui contreviendra en quelque manière que ce soit aux réglemens, sera, suivant les circonstances, mis à pied, rayé des contrôles des cochers, ou traduit devant les tribunaux.

XI. Il y aura sur chaque place de stationnement un inspecteur permanent, chargé d'y maintenir l'ordre, d'assurer l'exécution des réglemens, d'écouter les plaintes du public, et de donner à tous ceux qui en auraient besoin des renseignemens sur le service de place.

XII. Ces inspecteurs porteront une marque distinctive.

XIII. A son arrivée sur la place et à son départ, chaque cocher devra avertir l'inspecteur, afin que ce dernier en prenne note sur la feuille de mouvement.

XIV. Les réglemens relatifs au service de place, et auxquels il n'est pas textuellement dérogé ou innové par la présente ordonnance, continueront de recevoir leur exécution.

La présente ordonnance sera imprimée et affichée.

Un exemplaire devra en être toujours déposé dans chaque voiture de place, pour que le cocher puisse le représenter à toute réquisition du public ou des agens de l'administration.

La gendarmerie royale de Paris, le chef de la police centrale, les commissaires de police et les agens de police sont chargés d'en assurer l'exécution.

La Conseiller d'état, Préfet de police,
Signé DELAVAU.
Par le Conseiller d'état, Préfet.
Le Secrétaire-général,
Signé *L. DEFOUGÈRES.*

INSTRUCTION

POUR

LES INSPECTEURS AUXILIAIRES.

SERVICE DES PLACES DE STATIONNEMENT.

But de l'institution.

LES inspecteurs auxiliaires ont été institués pour rester en permanence sur les places, y maintenir l'ordre, assurer l'exécution des réglemens, écouter les plaintes du public et

donner à tous ceux qui en auraient besoin
des renseignemens sur le service de place.
L'une des principales obligations est de
tenir une note exacte du mouvement des
voitures.

— Au moyen des subventions en argent qui
leur sont accordées, ils doivent entretenir
les places en parfait état de propreté, four-
nir gratuitement aux cochers l'eau potable,
nécessaire à l'abreuvement des chevaux.
Ils doivent également salarier des garçons
pour la distribution de l'eau, et faire, lorsqu'il y a lieu, le service de l'avançage. Le
nombre de ces garçons de place et leur sa-
laire seront déterminés dans la commission
de chaque inspecteur.

De leurs rapports avec les Agens de
l'Administration.

Les inspecteurs auxiliaires sont placés
spécialement sous la direction de l'officier de
paix de l'attribution, de qui ils reçoivent
ou qui leur transmet les instructions rela-

tives au service. Cependant ils ne peuvent se refuser à procurer, soit à MM. les Commissaires de police, soit aux autres agens de l'Administration, ayant pour ce qualité, les renseignemens qui leur seraient demandés; toutefois, ils ne sont rigoureusement tenus de s'absenter, pendant leur service, que dans les deux circonstances suivantes :

1º Lorsque leur présence devient indispensable au bureau du Commissaire de police du quartier;

2º Lorsqu'ils sont appelés devant les tribunaux.

Costume.

Les inspecteurs auxiliaires, ainsi que les surnuméraires, doivent, pendant leur service, être vêtus en habit, redingotte ou carrik en drap bleu de Roi, et porter le signe distinctif qui leur est attribué.

Lorsqu'ils ne porteront point de chapeau, ils seront coiffés d'une casquette en drap

bleu de Roi, avec un seul galon d'argent,
d'au moins un pouce de largeur.

Du Service.

Leur service commence à six heures du
matin, du 1er avril au 31 septembre, et à
sept heures, du 1er octobre au 31 mars. Il
se prolonge jusqu'à minuit.

Ils ne pourront avoir dorénavant, pour
se mettre à l'abri, et seulement lorsque les
localités le permettront, que des guérites
ou bureaux mobiles en bois ayant au plus
cinq pieds de longueur sur quatre pieds de
profondeur.

Lorsque par maladie ou pour cause légi-
time quelconque, l'inspecteur sera forcé de
s'absenter, il devra en avertir l'officier de
paix, qui enverra un surnuméraire pour le
remplacer.

En pareil cas, le titulaire remettra le
tiers de son traitement, proprement dit,
au surnuméraire.

Lorsqu'en raison de l'importance de la

5

place, il sera nécessaire d'y affecter un surnuméraire en permanence, le titulaire lui
remettra un franc par jour, à titre d'indemnité.

Arrivée des Voitures sur la place.

A leur arrivée sur place, l'Inspecteur vérifiera si les voitures sont dans l'état de
propreté convenable.

Lorsqu'elles n'auront point été lavées,
et que la sécheresse de la boue prouvera
évidemment qu'il y a eu négligence à cet
égard, il pourra, conformément aux réglemens en vigueur, faire opérer le lavage, et
en pareil cas le cocher paiera, suivant l'u-
sage, à celui qui aura fait le travail, un franc
s'il s'agit d'une carrosse, et 75 centimes
s'il s'agit d'un cabriolet.

L'inspecteur tiendra aussi la main à ce
que les cochers ne se présentent que vêtus
convenablement et conformément aux réglemens.

Il aura soin de signaler, dans ses rapports

à l'officier de paix, les équipages qui viendraient habituellement sur place dans un état de malpropreté, et qui leur paraîtraient présenter des défectuosités.

Bulletins et Médailles.

Dans le cours de la journée, mais plus particulièrement à leur arrivée sur place, l'inspecteur vérifiera si les cochers sont pourvus de médailles, et surtout du bulletin d'entrée dont ils doivent toujours être munis.

Des Cochers à pied.

L'inspecteur s'attachera également à reconnaître, d'après les listes que lui fera passer l'officier de paix de l'attribution, les cochers mis à pied : lorsqu'il en trouvera sur le siége, il fera conduire immédiatement la voiture en fourrière.

De quelques dispositions qui ont besoin d'être développées.

Les inspecteurs doivent étudier avec soin

les réglemens (1), et se bien pénétrer de l'esprit dans lequel ils sont rédigés, afin d'être toujours à même d'intervenir, avec une parfaite connaissance de cause, dans les discussions qui s'élèveraient entre le public et les cochers.

Des explications paraissent cependant indispensables pour les diriger spécialement dans les circonstances suivantes, qui donnent lieu à de fréquentes contestations.

Aux termes de l'art. 47 de l'ordonnance de police, du 4 mai 1813, « les cochers ne » peuvent être contraints de recevoir dans

---

(1) (*Notamment.*) — L'ordonnance de police, du 4 mai 1813;

L'ordonnance du 10 juillet 1823, concernant les cabriolets;

La Consigne pour les cochers;

L'arrêté du 29 octobre 1825, concernant les numéros supplémentaires;

Et l'ordonnance du 29 novembre 1825, concernant le service de place.

» leurs voitures plus de quatre personnes
» et un enfant ».

Cette disposition a eu pour objet de mettre le cocher à l'abri de l'exigeance de certains individus, qui auraient pu abuser du silence du réglement pour monter dans la voiture en nombre indu et la détériorer ; mais, à leur tour, des cochers en abusent pour rançonner les personnes honnêtes qui, étant en famille, désirent ne point être séparées. Lorsqu'une semblable difficulté se présente, il convient d'avoir égard à la tenue et à la manière dont s'expriment les réclamans, afin de déterminer, s'il y a lieu, les cochers à charger le nombre de personnes que la voiture peut contenir, sans qu'elles soient par trop gênées.

Aucun réglement n'oblige les cochers à transporter des paquets ou des animaux.

C'est avec raison que l'autorité n'a rien prescrit à cet égard, afin de prévenir la dégradation des voitures ; cependant, il est

*

(54)

convenable, pour empêcher que le cocher
ne pousse à l'excès l'application d'un principe juste en lui-même, de vérifier, en pareil cas, s'il s'agit d'un objet tel qu'une
malle, une caisse, susceptibles de déchirer
les coussins, ou seulement d'un porte-man-
teau, d'un sac de nuit ou d'un paquet peu
volumineux et qui ne puisse causer aucune
dégradation ; car, alors, le cocher ne sau-
rait être autorisé à refuser de le recevoir.

Quant aux animaux, le cocher ne peut
point être forcé de les recevoir, surtout,
ainsi que cela arrive souvent, lorsqu'il s'a-
git de chiens d'une certaine grosseur, pour
la plupart de temps, couverts de crotte ou
de poussière...

*De la manière dont les inspecteurs doivent
se conduire sur les places.*

Les inspecteurs, appelés désormais par
leurs fonctions à surveiller le service, à
régir les cochers, et surtout à réprimer leurs
propos ou leurs gestes obscènes, doivent,

dans toutes les occasions, agir avec modé-
ration et fermeté, éviter les emportemens,
les expressions méprisantes ou triviales ;
enfin, leur inspirer la confiance et le res-
pect par de bonnes mœurs et une conduite
irréprochable.

APPROUVÉ l'Instruction ci - dessus,
dont copie sera adressée tant à M. le
Chef de la police centrale, qu'à
MM. les Commissaires de police et
l'Officier de paix de l'attribution.

Paris, le 21 Décembre 1825.

Le Conseiller d'État, Préfet de police.

Signé G. DELAVAU.

Pour copie conforme :

Le Secrétaire général, L. DEFOUGÈRES.

OBSERVATION IMPORTANTE.

L'article III de l'Ordonnance de police,
du 29 novembre 1825, exige positivement

que les *cochers sur place marchent à toute réquisition , même pour aller charger à domicile* ; cependant des cochers hésitent, ou refusent quelquefois d'aller charger à domicile sous prétexte que le lieu qu'on leur indique est à une trop grande distance de la place.

C'est un abus qu'il est essentiel de réprimer avec persévérance.

Sans doute, il est généralement d'usage de donner en pareil cas un pour boire plus fort aux cochers ; de même que lorsqu'ils font des courses aux barrières les plus éloignées; mais ils n'ont aucun droit de l'exiger.

Les dispositions du règlement sont à cet égard claires et précises ; elles ne peuvent être l'objet d'aucune interprétation, et, lorsque les cochers tentent d'y contrevenir, les inspecteurs de place sont spécialement chargés de les contraindre à s'y conformer.

BUREAU

DES DÉLÉGUÉS

DES

ENTREPRENEURS - LOUEURS

DE VOITURES,

COUR DE LA SAINTE CHAPELLE, N° 13,

Quartier du Palais de Justice.

———

NOMS DES DÉLÉGUÉS ÉLECTEURS.

Messieurs :

CAMILLE (Adrien).

DAUX (Remy).

PERDU (Jean-Florent).

VIRTELLE (Claude).

FRIAND (Nicolas).

NOMS DES SUPPLÉANS.

Messieurs,

BERBUIL, (Pierre-François).

BAGNARD (Simon).

FONDRETON, (François).

RADA (Claude).

VARIN, aîné (Michel).

CAISSIER HONORAIRE.

M. LEBOULANGER (André).

SECRÉTAIRE CAISSIER.

M. LARNAULT, au bureau de la Délé-
gation.

CONSEIL.

MM. CHAMPION DE VILLENEUVE,
Avocat au Conseil du Roi et à la
Cour de cassation, rue de Riche-
lieu, N° 87.

THÉODORE PERRIN, Avocat à
la Cour royale (cour de la Sainte-
Chapelle, N° 2.

SOCIÉTÉ D'ABONNEMENT MÉDICAL

pour le traitement des Cochers malades
et infirmes.

___

ADMINISTRATION CENTRALE,

Rue de Richelieu, N.º 87.

NOMS DES ÉLECTEURS.

Messieurs :

BAGNARD (Simon).

BARRAND-BUFFET.

BARBEDIENNE.

BENARD (Benoist-Frédéric).

BERBUIL (Pierre-François).

BREVUNE (Michel-Jean).

CAMILLE (Adrien).

CHEFDHOMME, fils.

CLÉMENT (Julien).

CORDHOMME, aîné (Guillaume).

DAMIENS (Nicolas).

DAUX (Remy).

DEMOUCEAUX (Médard).

DELANTE (Pierre-E.**-Charles).

FARIN (François).

FARIN (Pierre).

Messieurs :

FESSART (Jean-Baptiste).
FONDRETON (François).
FOURNIERE (Michel).
FRIAND (Nicolas).
GILLES (Pierre).
GORRE (Jean-Marie-Guillaume).
HURAUD (Jacques-François).
LACHAUX (Gabriel).
LEBOULANGER (André).
LEFOYER (François-Jacques).
LEVY (Mirthil).
MUFFAT-JEANDET (Melchior).
NAMUR (Charles-Gabriel).
NOEL (François).
PERDU (Jean-Florent).
PERRIN (Pierre).
PASQUET (Armand).
PICHON (Julien).
PRON (Michel-Nicolas).
RADA (Claude).
RAMBURE (Adolphe).

6

Messieurs :

ROBERT (Charles).
ROUARD (Nicolas).
TAILLEUR (Jean-Pierre).
VARIN, aîné (Michel-Luc-Victor).
VAUTHIER (Paul-Henry).
VIRTELLE (Claude).

FIACRES,

CALÈCHES

ET

CARROSSES SUPPLÉMENTAIRES.

———

CARROSSES.

Numéros et Loueurs.		Numéros et Loueurs.	
1	V.* Simon et Bagnard	23	V.* Simon et Bagnard
2	*id*	24	*id.*
3	*id.*	25	*id.*
4	*id,*	26	*id.*
5	*id.*	27	*id.*
6	*id.*	28	*id.*
7	*id.*	29	*id.*
8	*id.*	30	*id.*
9	*id.*	31	*id.*
10	*id.*	32	*id.*
11	*id.*	33	*id.*
12	*id.*	34	*id.*
13	*id.*	35	*id.*
14	*id,*	36	Pichon.
15	*id.*	37	Perrin (Pierre).
16	*id.*	38	Lorry.
17	*id.*	39	Gorre.
18	*id.*	40	Varin (M.-La-V.).
19	*id.*	41	Camille.
20	*id.*	42	*id.*
21	*id.*	43	*id.*
22	*id.*	44	*id.*

*

CARROSSES.

Numéros et Loueurs.		Numéros et Loueurs.	
45	CAMILLE.	71	DAUX.
46	*id.*	72	*id.*
47	RIVIÈRE.	73	*id.*
48	CAMILLE.	74	*id.*
49	*id.*	75	*id.*
50	VARIN (M.-L.-V.)	76	*id.*
51	CAMILLE.	77	*id.*
52	*id.*	78	*id.*
53	CAMILLE.	79	*id.*
54	GORRE.	80	*id.*
55	GRUSILLE.	81	*id.*
56	GORRE.	82	*id.*
57	DAUX.	83	*id.*
58	GORRE.	84	*id.*
59	CAPLAT (J.-Fr.)	85	*id.*
60	Vᵉ SAINT-AUBIN.	86	*id.*
61	GORRE.	87	*id.*
62	Vᵉ BUFFET-DAURAND	88	*id.*
63	BOUDON.	89	*id.*
64	GORRE.	90	*id.*
65	FAROUILH.	91	FAROUILH.
66	KINDERMANS.	92	DAUX.
67	FEVAL.	93	*id.*
68	VARIN (L.-M.-V.).	94	JUDENNE.
69	TILL, fils (Borman.).	95	FAVIN (François).
70	BÉRAULT.	96	DAUX.

CARROSSES.

Numéros et Loueurs.		Numéros et Loueurs.	
97	FABIN (François).	123	LEBOULANGER.
98	THIL (N.).	124	id.
99	FAROUILH.	125	id.
100	Vᵉ SIMON et BAGNARD	126	Veuve BUFFET-BAR-
101	SAIN.		RAND.
102	LEBOULANGER.	127	SAIN.
103	id.	128	FAROUILH.
104	id.	129	TILL, fils (B.).
105	id.	130	BONNET (D.).
106	id.	131	DENOYER.
107	id.	132	HEAVY.
108	id.	133	id.
109	id.	134	id.
110	id.	135	id.
111	id.	136	id.
112	id.	137	id.
113	id.	138	id.
114	id.	139	id.
115	id.	140	id.
116	id.	141	id.
117	id.	142	id.
118	id.	143	id.
119	id.	144	id.
120	id.	145	id.
121	id.	146	id.
122	id.	147	id.

CARROSSES.

Numéros et Loueurs.	Numéros et Loueurs.
148 Hervy.	174 Camille.
149 *id.*	175 *id.*
150 *id.*	176 *id.*
151 *id.*	177 *id.*
152 Varin (U.).	178 *id.*
153 *id.*	179 *id.*
154 Sain.	180 *id.*
155 Poletti.	181 *id.*
156 Sain.	182 *id.*
157 *id.*	183 *id.*
158 Till, fils (N.).	184 *id.*
159 *id.*	185 *id.*
160 Sain.	186 *id.*
161 Leboulanger.	187 Benoist.
162 *id.*	188 Farouilh.
163 *id.*	189 Lebreton.
164 *id.*	190 Camille.
165 *id.*	191 *id.*
166 *id.*	192 *id.*
167 Sain.	193 *id.*
168 *id.*	194 Varin (B.).
169 Till, fils (N.).	195 *id.*
170 Sain.	196 Camille.
171 Camille.	197 *id.*
172 *id.*	198 Morainville.
173 *id.*	199 Chaudouet.

CARROSSES.

Numéros et Loueurs.	Numéros et Loueurs.
200 Fanin (François).	225 Gorre.
201 Varin (M. L. V.).	226 Morainville.
202 id.	227 Sain.
203 Varin (Bern.).	228 Daucey.
204 V° Simon et Bagnard.	229 Varin (M. L. V.).
205 id.	230 Caplat (J.-F.).
206 id.	231 Boton.
207 Gilles.	232 Varin (M. L. V.).
208 Farouilh.	233 Delaunay.
209 Ducluzeau.	234 Picard (M.)
210 Petit (J.-P.).	235 Fessard (A.-L.).
211 Lecuillon.	236 Gorre.
212 Farouilh.	237 Thomas.
213 Daucey.	238 Fessart (J.-B.).
214 id.	239 Gille.
215 id.	240 Chaudouet.
216 id.	241 Boudon.
217 Farouilh.	242 Varin (M. L. V.).
218 Quinette.	243 Rivière.
219 Farouilh.	244 id.
220 Lory.	245 id.
221 Gorre.	246 id.
222 Varin (M. L. V.).	247 id.
223 Gorre.	248 id.
224 Veuve Picard.	249 id.
	250 id.

CARROSSES.

Numéros et Loueurs.	Numéros et Loueurs.
251 RIVIÈRE.	277 LEVÊQUE.
252 id.	278 AUDRY.
253 id.	279 ROUSSEY.
254 id.	280 id.
255 id.	281 id.
256 id.	282 id.
257 GORRE.	283 id.
258 Id.	284 id.
259 id.	285 id.
260 Id.	286 id.
261 id.	287 id.
262 KINDERMANS.	288 Id.
263 GORRE.	289 CORDHOMME (G).
264 PERRIN (Pierre).	290 id.
265 GORRE.	291 id.
265 id.	292 id.
267 id.	293 id.
268 KINDERMANS.	294 id.
269 FAROUILH.	295 id.
270 REZILLOT.	296 id.
271 FAROUILH.	297 id.
272 id.	298 GRUSILLE.
273 CAMILLE.	299 ROUSSEY.
274 VARIN (M. L. V.).	300 id.
275 GORRE.	301 COURTELLEMONT.
276 CAMILLE.	302 RIVIÈRE.

CARROSSES.

Numéros et Loueurs.		Numéros et Loueurs.	
303	COURTELLEMONT.	329	FESSARD (Alex.-L.).
304	GRUSILLE.	330	id.
305	id.	331	LACHAUX.
306	id.	332	id.
307	FESSARD (J.-B.).	333	id.
308	VARIN (M. L. V.).	334	MORAINVILLE.
309	id.	335	LACHAUX.
310	ROUSSEY.	336	id.
311	VILLARD.	337	id.
312	id.	338	id.
313	id.	339	PERRIN (Pierre).
314	id.	340	id.
315	id.	341	id.
316	id.	342	GORRE.
317	id.	343	id.
318	id.	344	GRÉGOIRE.
319	id.	345	KINDERMANS.
320	FESSARD (Alex.-L.).	346	CHATEL.
321	id.	347	BADA.
322	id.	348	id.
323	id.	349	id.
324	id.	350	id.
325	id.	351	id.
326	id.	352	id.
327	id.	353	id.
328	id.	354	id.

CARROSSES.

Numéros et Loueurs.	Numéros et Loueurs.
355 Veuve Thomy.	380 Farin (Pierre).
356 Cairol.	381 id.
357 Veuve Thomy.	382 Bereuil.
358 id.	383 id.
359 Endré.	384 id.
360 Till, fils (N.).	385 id.
361 Veuve Thomy.	386 id.
362 Ducluzeau.	387 id.
363 id.	388 id.
364 id.	389 id.
365 id.	390 id.
366 id.	391 id.
367 Ve Buffet et Barrand.	392 Fessart (J.-B.).
	393 id.
368 Boton.	394 id.
369 Veuve Evrard.	395 id.
370 Sain.	396 id.
371 Fessart (J.-B.).	397 id.
372 Farin (François).	398 id.
373 Villain.	399 id.
374 Judenne.	400 id.
375 id.	401 Veuve Raulin.
376 Farin (Pierre).	402 id.
377 id.	403 id.
378 id.	404 id.
379 id.	405 id.

CARROSSES.

Numéros et Loueurs.	Numéros et Loueurs.
406 Veuve Raulin.	432 Herel.
407 *id.*	433 Varel (Bernardin).
408 Damien (N.)	434 Roussey.
409 Thonet.	435 *id.*
410 Damien (N.).	436 *id.*
411 *id.*	437 *id.*
412 *id.*	438 Dessaux.
413 *id.*	439 Lecourt.
414 *id.*	440 Gorre.
415 Perrin (Pierre).	441 Daux.
416 *id.*	442 *id.*
417 *id.*	443 Rezillot.
418 *id.*	444 Damien (N.).
419 *id.*	445 Farouill.
420 *id.*	446 Daux.
421 Godard.	447 Farouill.
422 Picard (Max.).	448 *id.*
423 *id.*	449 *id.*
424 Roussey.	450 Daux.
425 Rivière.	451 Hue.
426 Lecourt.	452 *id.*
427 Herel.	453 *id.*
428 Delahaye.	454 *id.*
429 Pichon.	455 *id.*
430 Herel.	456 *id.*
431 Farin (Pierre).	457 Farouill.

CARROSSES.

Numéros et Loueurs.	Numéros et Loueurs.
458 FAROUILH,	484 FAROUILH.
459 *id.*	485 AMAT (P.-A.-G.).
460 GODET.	486 FAROUILH.
461 FAROUILH.	487 COURTELLEMONT.
462 GODET.	488 DELAUNAY.
463 AMAT (Jacques).	489 LACHAUX.
464 *id.*	490 *id.*
465 *id.*	491 *id.*
466 *id.*	492 *id.*
467 AMAT (P.-A.-G.).	493 *id.*
468 *id.*	494 *id.*
469 D[elle] NICOLLE.	495 *id.*
470 AUGER.	496 *id.*
471 DAMIEN (N.).	497 *id.*
472 *id.*	498 *id.*
473 *id.*	499 DESSAUX.
474 FAROUILH.	500 TILL, fils (B.).
475 *id.*	501 FESSART (J.-B.).
476 *id.*	502 *id.*
477 D[elle]. NICOLLE.	503 *id.*
478 COURTELLEMONT.	504 Ve SIMON et BAG-
479 DAUX.	NARD.
480 LACHAUX.	505 *id.*
481 DAUGEY.	506 LORY.
482 TEISSÉDRE.	507 GILLES.
483 DAUGEY.	508 BÉRAULT.

CARROSSES.

Numéros et Loueurs.	Numéros et Loueurs.
509 SAIN.	535 Veuve BOULLAND.
510 DUPUIS.	536 NIEFF.
511 *id.*	537 FAROUILH.
512 BEREUIL.	538 JAVAUX.
513 *id.*	539 Vᵉ. BUFFET et BAR-
514 *id.*	RAND.
515 *id.*	540 *id.*
516 *id.*	541 JAVAUX.
517 Veuve YOUF.	542 GORRE.
518 *id.*	543 CHAUDOUET.
519 *id.*	544 CAMILLE.
520 *id.*	545 GÉRARD.
521 *id.*	546 *id.*
522 VARIN (M.-L.-V.).	547 VARIN (Bernardin).
523 CAMILLE.	548 CAMILLE.
524 VARIN (M.-L.-V.).	549 LEBRETON.
525 *id.*	550 KINDERMANS.
526 BEREUIL.	551 IMBERT-LACHEVRE.
527 MARCHADIER (Paul).	552 COURTELLEMONT.
528 *id.*	553 *id.*
529 *id.*	554 *id.*
530 PAULMIER (Charles).	555 CORDHOMME (Gerv.).
531 MARCHADIER (G.P.).	556 *id.*
532 Veuve BOULLAND.	557 *id.*
533 GORRE.	558 GRÉGOIRE (Michel).
534 FARIN (Pierre).	559 CLÉMENT.

CARROSSES.

Numéros et Loueurs	Numéros et Loueurs
560 Daux.	586 Gérard.
561 Dessaux.	587 Gorre.
562 Chaudquet.	588 Chatel.
563 Vᵉ Simon et Barnard	589 Daux.
564 Béllissent.	590 Richard.
565 Veuve Picard.	591 Thil (Nicolas).
566 Gilles.	592 id.
567 Dessaux.	593 Bereuil.
568 id.	594 Thil (Nicolas).
569 id.	595 Vᵉ Buffet et Barrand
570 Aron (Joseph).	596 Till, fils (B.)
571 Debras.	597 Richard.
572 Rivière.	598 Gorre.
573 Denoyer.	599 Gosselin.
574 id.	600 Lenoir.
575 Varin (M.-L.-V.).	601 Buisson.
576 Varin (Bernardin).	602 id.
577 Richard.	603 Parin (François).
578 Villard.	604 Buisson.
579 Denoyer.	605 Lachaux.
580 id.	606 Loyer.
581 Varin (Bernardin).	607 Thil (Nicolas).
582 Lecastelois.	608 Lenoir.
583 Quinette.	609 Loyer.
584 Daux.	610 Veuve Picard.
585 Gérard.	611 Gorre.

CARROSSES.

Numéros et Loueurs.	Numéros et Loueurs.
612 Gorre.	638 Rivière.
613 Kindermans.	639 id.
614 Varin (M.-L.-V.).	640 Chauvin.
615 id.	641 Enouehard.
616 Rivière.	642 Camille.
617 Kindermans.	643 Bonneville.
618 id.	644 Picard.
619 Cayla.	645 Bonneville.
620 Kindermans.	646 Carré.
621 Levèque.	647 Lefévre. (T.-F.ᵗ).
622 Cordhomme (Jean).	648 Carré.
623 Bourgeois.	649 Jodenne.
624 Kindermans.	650 Pichon.
625 Javaux.	651 Petit (J.-P.).
626 Caillat (J.-F.).	652 Endré.
627 Lebreton.	653 id.
628 Noel.	654 id.
629 id.	655 id.
630 id.	656 Rivière.
631 Denoyer.	657 Fessard (J.-B.).
632 id.	658 id.
633 id.	659 id.
634 Kreké.	660 id.
635 Gilles.	661 Gilles.
636 Daux.	662 id.
637 Lory.	663 id.

CARROSSES.

Numéros et Loueurs.	Numéros et Loueurs.
664 Veuve Picard.	690 Camille.
665 Pichon.	691 Bérault.
666 *id.*	692 *id.*
667 Kindermans.	693 Berevil.
668 V. Buffet et Barrand	694 Petit.
669 *id.*	695 Veuve St.-Aubin.
670 Loyer.	696 *id.*
671 *id.*	697 Perier (L.).
672 *id.*	698 Cordhomme (J.).
673 Chauvin.	699 *id.*
674 Richard.	700 Denoyer.
675 Chauvin.	701 Guelodé.
676 Till, fils (B.).	702 *id.*
677 D^elle Nicolle.	703 Roussey.
678 Morainville.	704 Boton.
679 Rivière.	705 Noël.
680 Daux.	706 Lechevrelle.
681 Leboulanger.	707 Camille.
682 *id.*	708 Varin (M.-L.-V.).
683 *id.*	709 Guy.
684 Rivière.	710 *id.*
685 Till, fils (B.).	711 Leboisselier.
686 Clément.	712 *id.*
687 Schullés.	713 Varin (M.-L.-V.).
688 Petit (J.-P.).	714 *id.*
689 *id.*	715 Bichet.

CARROSSES.

Numéros et Loueurs.	Numéros et Loueurs.
716 Bichet.	742 Chaudouet.
717 Kindermans.	743 Gilles.
718 *id.*	744 Lecoulanger.
719 Lebreton	745 *id.*
720 *id.*	746 D^{elle} Nicollé.
721 Fissard (J.-B.).	747 Thil (Nicolas).
722 *id.*	748 Bourgeois.
723 Testeforte.	749 Robert (Jean).
724 Perrière.	750 Joigny.
725 Daux.	751 *id.*
726 Naime.	752 Varin (M.-L.-V.).
727 Kindermans.	753 Amat (P.-A.-G.).
728 Till, fils (E.).	754 Kindermans.
729 Veuve Pottier.	755 *id.*
730 Dethière.	756 Chatel.
731 Beziè.	757 Bourgeois.
732 Roulland.	758 *id.*
733 Daux	759 Rivière,
734 D^{elle} Cassel.	760 *id.*
735 *id.*	761 Chaudouet.
736 *id.*	762 Noel.
737 Robert (Charles).	763 *id.*
738 *id.*	764 Robert (Charles).
739 *id.*	765 Corbrion.
740 Gerard.	766 Canné.
741 Kindermans.	767 Damien (J.-A.).

CARROSSES.

Numéros et Loueurs.	Numéros et Loueurs.
768 Lebreton.	794 Farouilh.
769 *id.*	795 Daux.
770 Joigny.	796 Richard.
771 Daux.	797 Farin (Pierre).
772 Poletti.	798 Couillé.
773 Nobl.	799 Damien (Nicolas).
774 Varin (M.-L.-V.).	800 Gorre.
775 *id.*	801 Cordhomme (Gme).
776 Morainville.	802 Gorre.
777 *id.*	803 Benard.
778 Joigny.	804 Varin (M.-L.-V.).
779 *id.*	805 Sautot.
780 Rivière.	806 Gallimardet.
781 Roulland.	807 Gorre.
782 Lambert.	808 Varin (M.-L.-V.).
783 Lanore.	809 *id.*
784 Kindermans.	810 Schommer.
785 Leroy.	811 *id.*
786 Till, fils (E.).	812 Gorre.
787 Pichon.	813 Roussey.
788 Hourt.	814 Chatel.
789 Farouilh.	815 Bauiel.
790 Fourré.	816 Kindermans.
791 Villard.	817 *id.*
792 Laritsche.	818 *id.*
793 Gorre.	819 Gorre.

CARROSSES,

Numéros et Loueurs.	Numéros et Loueurs.
820 DELAUNAY.	846 CORDHOMME (G^{al}).
821 RIVIÈRE.	847 VARIN (M.-L.-V.).
822 REZILLOT.	848 LECASTELOIS.
823 RISPAL.	849 ENDRÉ.
824 FARIN (Pierre).	850 BÉRAULT.
825 FAROUILH.	851 GUIBAL, fils.
826 ENDRÉ.	852 GUIBAL, père.
827 *id.*	853 RIVIÈRE.
828 FARIN (François).	854 GORRE.
829 COULLÉ.	855 *id.*
830 GORRE.	856 HAGEN.
831 LEBRETON.	857 CORDIER.
832 DUMOULIN.	858 VARIN (M.-L.-V.)
833 CAMILLE.	859 GORRE.
834 GROSDIDIER.	860 LACHAUX.
835 CORBRION.	861 ARON.
836 FAROUILH.	862 KINDERMANS.
837 NEW.	863 CLÉMENT.
838 DELAUNAY.	864 FAROUILH.
839 GORRE.	865 CHAUVIN.
840 THOMAS.	866 VARIN ((M.-L.-V.).
841 GORRE.	867 COURTELLEMONT.
842 GRANDIN.	868 BEREUIL.
843 LEBOISSELIER.	869 LEMARECHAL.
844 JOIGNY.	870 CAMILLE.
845 CHAUDOUET.	871 CORBRION.

CARROSSES.

Numéros et Loueurs.	Numéros et Loueurs.
872 TILL, fils (B.).	887 KINDERMANS.
873 Veuve PALLUZ.	888 *id.*
874 GUELODÉ.	889 Veuve BUFFET et
875 LEMPÉRIÈRE.	BARNARD.
876 LAINÉ.	890 DROCQUE.
877 TILL, fils (B.).	891 BOTON.
878 FRISSON.	892 VARIN (M.-L.-V.).
879 CLÉMENT.	893 CONDHOMME (Gme).
880 BOUDON.	894 CONDHOMME (J.).
881 MUFFAT-JEANDET.	895 LEGASTELOIS.
882 VILLARD.	896 CONDHOMME (Gme).
883 DAUX.	897 FARIN (Pierre).
884 FARIN (François).	898 RADA.
885 DAUX.	899 PERRIER (N.-Asc).
886 DESSAUX.	900 RADA.

CALÈCHES.

Numéros et Loueurs.	Numéros et Loueurs.
901 LESPAZE.	905 CAPLAT (Antoine.).
902 D^{elle} DESMARQUETS.	906 *id.*
903 *id.*	907 *id.*
904 *id.*	908 GOUVERNEUR.

CALÈCHES.

Numéros et Loueurs.	Numéros et Loueurs.
909 GOUVERNEUR.	914 CONSTANT.
910 CAPLAT (J.-F.).	915 MONNET.
911 *id.*	916 LEMPÉRIÈRE.
912 *id.*	917 PERRIER (L.).
913 *id.*	

CARROSSES SUPPLÉMENTAIRES.

———

Numéros et Loueurs.	Numéros et Loueurs.
918 DOUDON VITAL.	932 CARRÉ (Jacques).
919 *id.*	933 THOMAS (Jacques).
920 *id.*	934 *id.*
921 *id.*	935 D^elle DESMARQUETS.
922 MARTINET.	936 BICHET.
923 *id.*	937 *id.*
924 *id.*	938 AMAT (P.-A.-G.).
925 *id.*	939 CHATEL.
926 FONTAINE.	940 GRANDIN.
927 *id.*	941 DESJARDIN.
928 MUFFAT - JEANDET	942 ROBERT.
(Melchior).	943 BIRON.
929 *id.*	944 MARCHADIER.
930 *id.*	945 GÉRARD.
931 *id.*	946 CLÉMENT.

CARROSSES SUPPLÉMENTAIRES.

Numéros et Loueurs.	Numéros et Loueurs.
947 DUPUIS.	973 BELLISSENT.
948 GRUSILLE.	974 CARRÉ (J.-B.).
949 MARCHADIER.	975 D*me* LEFÈVRE.
950 GOSSELIN.	976 BONNEVILLE.
951 DESSAUX.	977 D*me* ST-AUBIN.
952 *id.*	978 MONNET.
953 *id.*	979 VINCENT.
954 DÉNOYER.	980 *id.*
955 CAULAT (Antoine).	981 *id.*
956 HUE.	982 *id.*
957 *id.*	983 CHAUVIN.
958 Veuve CASSEL.	984 BOTON (Jacques).
959 ANDRÉ.	985 ETIENNE.
960 ROUARD.	986 *id.*
961 AMAT (Jacques).	987 LECOURT.
962 D*me* LEFÈVRE.	988 PRON.
963 JOIGNY.	989 *id.*
964 SCHUMMER.	990 GUELODÉ.
965 BAULER.	991 PERRIER (L.).
966 LENOIR.	992 FARIN (François).
967 DUCLUZEAU.	993 MONGUIN.
968 GUY.	994 RAMBURE.
969 BOTON (Manuel).	995 *id.*
970 *id.*	996 *id.*
971 FARIN (François).	997 *id.*
972 *id.*	998 POLETTI.

CARROSSES SUPPLÉMENTAIRES.

Numéros et Loueurs.	Numéros et Loueurs.
999 FONDBETON.	1025 JUDENNE.
1000 GALLIMARDET.	1026 Dme CASSEL.
1001 LEMARÉCHAL (L.)	1027 BONNET (D.).
1002 CORBRION.	1028 MEROÉ.
1003 FARIN (Pierre).	1029 LORY.
1004 DUCLUZEAU.	1030 PAULMIER.
1005 LOYER.	1031 FONDBETON.
1006 DAMIEN (J.-A.).	1032 id.
1007 BRION.	1033 id.
1008 id.	1034 ARON (Jos.).
1009 GRUSILLE.	1035 ARON (Max.).
1010 L AINÉ.	1036 LESPAZÉ.
1011 id.	1037 FOURIER.
1012 Veuve PICARD.	1038 Veuve MARTINET.
1013 ENDRÉ.	1039 id.
1014 LEMPÉRIÈRE.	1040 DAUX.
1015 id.	1041 FRIAND.
1016 PERRIÈRE.	1042 LEBOISSELIER.
1017 DENOYER.	1043 BIRON.
1018 id.	1044 REZILLOT.
1019 ROBERT.	1045 FOURNEAU.
1020 id.	1046 PAULMIER.
1021 CAIROL.	1047 LEOASTELOIS.
1022 RIVIÈRE.	1048 Veuve REMY.
1023 MONNET.	1049 Dme CASSEL.
1024 CHATEL.	1050 HUE.

CARROSSES SUPPLÉMENTAIRES.

Numéros et Loueurs.	Numéros et Loueurs.
1051 Pichon.	1077 Varin (M.-L.-V.).
1052 Naime.	1078 Launay.
1053 Poletti.	1079 Beauvalet.
1054 Leboulanger.	1080 Courtebray.
1055 Petit (J.-B.).	1081 id.
1056 Launay.	1082 D^{elle} Nicolle.
1057 id.	1083 id.
1058 Camille.	1084 Auger.
1059 id.	1085 id.
1060 Caplat.	1086 Pasquet.
1061 Testeforte.	1087 Pichon.
1062 Lever.	1088 Cordier.
1063 Judenne.	1089 Lecourt.
1064 Cairol.	1090 Ve Buffet et Bar.
1065 Guidon.	1091 id. (rand.
1066 id.	1092 Villard.
1067 Massé.	1093 Lespazé.
1068 Till (Emanuel).	1094 id.
1069 id.	1095 Perrin (Pierre).
1070 Till, fils (N.).	1096 id.
1071 id.	1097 Veuve Buffat et Barrard.
1072 Petit (J.-B.).	1098 id.
1073 Poupon.	1099 Daux.
1074 id.	1100 Bérault.
1075 id.	1001 id.
1076 id.	

CARROSSES SUPPLÉMENTAIRES.

Numéros et Loueurs.	Numéros et Loueurs.
1102 SAINT-SAENS.	1110 DÉVILLAZ.
1103 *id.*	1111 DEFERT.
1104 GAUDENAIRE.	1112 *id.*
1105 BLANCHET (M.).	1113 HERBET.
1106 BLANCHET (Jean).	1114 LAPIERRE.
1107 RIVIÈRE.	1115 RECLUS.
1108 DELAHAYE.	1116 VALLET.
1109 CAPLAT (J.-Pr.)	1117 Veuve FERRY.

~~~~~~~~~~~~~~~~~~~~~~~~~~~~~~~~~~~~~~

FIACRES, CALÈCHES
ET CARROSSES SUPPLÉMENTAIRES.

~~~~~~~~~~~~~~~~~~~~~~~~~~~~~~~~~~~~~~

ADRESSES

DE

MESSIEURS LES LOUEURS

DE LA VILLE DE PARIS.

————

A.

AMAT (Jacques), boulevard Neuf, n. 16, à la Chapelle.

AMAT (Pierre-Anne-Gérard), impasse de la Pompe, n. 4.

ARON (Marc), rue Albouy, n. 14, faub. St.-Martin.

ARON (Victor), rue Grange-aux-Belles,
n. 19.

AUDRI, cul de-sac Coquenard, n. 22.

AUGER, rue de la Voirie n. 12.

B.

BAUER, rue des Fossés-Saint-Marcel,
n. 42.

BEAUVALET, place Vendôme, n. 22.

BELLISSENT, rue de Bourgogne, n. 25.

BENARD(Benoît-Frédéric), rue de la Fidélité, n. 5.

BENOIT, rue des Amandiers.

BERAULT, rue des Vertus, à la Chapelle.

BERBUIL, rue de l'Ouest, n. 5.

BEZIR, rue du Faubourg - du - Temple,
n. 58.

BICHET, rue du Faubourg Saint-Antoine,
n. 185.

BLANCHET (Jean), rue des Vieilles-Tuileries, n. 34.

BLANCHET (Michel), rue des Vieilles-Tuileries, n. 34.

BONNET, rue de la Pépinière, n. 24.

BONNEVILLE, rue de Vaugirard, n. 91.

BOTON (Julien), rue de Sèvres, n. 101.

BOTON (Manuel), rue des Brodeurs, n. 14.

BOUDON (Vital), rue de Vaugirard, n. 11.

ROULAND (Veuve), rue du marché aux Chevaux, n. 11.

BOURGEOIS, rue du Regard, n. 30.

BRION, rue neuve des Mathurins, n. 13.

BUFFET et BARRAND (Veuve), rue du faubourg Saint-Martin, n. 79.

BUISSON (Jean), rue des Messageries, n. 15.

C.

CAIROL, rue Montholon, n. 26.

CAMILLE, rue du grand Prieuré, n. 14.

CAPLAT (Antoine), rue Saint-Lazare, n. 44.

CAPLAT (Jean-François), à la Nouvelle-France, rue de la Goutte-d'Or, n. 15.

CARRÉ (Jacques), rue des Vieilles-Tuileries, n. 45.

CARRÉ (Jean-Baptiste), rue de Ménilmontant, n. 8.

CASSEL (Dame), rue Montholon, n. 22.

CAYLA, cul-de-sac Coquenard, n. 22.

CHATEL, rue des Messageries, n. 13.

CHAUDOUET, rue Saint-Maur, n. 66.

CHAUVIN, rue du Faub. Poissonnière, n. 113.

CLÉMENT, à la Chapelle, n. 63.

CONSTANT, r. de la Pépinière, n. 24 bis.

CORBRION, rue de Ménilmontant, n. 19.

CORDHOMME (Guillaume), rue des Filles-du-Calvaire, n. 15.

CORDHOMME (Jean), rue de Ménilmontant, n. 44.

CORDHOMME (Gervais), cul-de-sac de la Pompe, n. 22.

CORDIER, rue de Ménilmontant, n. 58.

COULLÉ, rue des Vieilles - Tuileries, n. 47.

COURTEBRAY, rue Bleue, n. 31.

COURTELLEMONT, rue des Messageries, n. 24.

D.

DAMIEN (Nicolas), rue de Popincourt, n. 90.

DAMIEN (Jean-Adolphe), rue de Ménilmontant, n. 8.

DAUGEY, rue de Récollets, n. 23.

DAUX, rue S.-Anastase, n. 5.

DEBRAS, rue du faubourg du Roule, n. 51.

DEFERT, rue Lacuée, n. 2.

DELAHAYE, rue Jarente, n. 10.

DELAUNAY, rue Saint-Maur (Temple), n. 45.

DENOYER, chaussée du Maine, n. 31.

DESJARDINS, rue de Grenelle S.-Germain, n. 57.

DESMARQUETS (Demoiselle), à la Chapelle.

DESSAUX (Edme), rue Carême-Prenant, n. 3.

DESSAUX (Charles-François), cul-de-sac S.-Fiacre, n. 3.

DÉTHIÈRE, rue Traversière-S.-Honoré, n. 29.

DEVILLAZ, rue Grange-Batelière, n. 19.

DROCQUE, rue Pierre-Levée, n. 14.

DUCLUZEAU, rue Amelot, n. 62.

DUMOULIN, rue du faubourg Montmartre, n. 43.

DUPUIS, rue des Vieilles-Tuileries, n. 30.

E.

ENDRÉ, rue d'Orléans-S.-Marcel, n. 2.

ENGUEHARD, rue de la Roquette, n. 35.

ETIENNE, rue Pavée, n. 16 (Marais).

EVRARD (Veuve), rue de Sèvres, p. 46, à Vaugirard.

F.

FARIN (François), rue Popincourt, n. 84.

FARIN (Pierre), rue de Menil-Montant, n. 100.

FAROUILH, rue S.-Maur (Temple), n. 22.

FERRY (Veuve), rue du Roi-de-Sicile, n. 5.

FESSARD (Jean-Baptiste), cul-de-sac de la Pompe, n. 22.

FESSART (Alexandre-Léon), rue des Messageries, n. 2.

FEVAL, petite rue S.-Pierre, n. 26 (Pont-aux-Choux).

FONDRETON, rue Thiroux, n. 5.

FONTAINE, rue Rochechouard, n. 33.

FOURIER, rue du faubourg S.-Martin, n. 173.

FOURNEAU, à la Chapelle, n. 87.

FOURRÉ, rue de la Cerisaye, n. 16.

FRIAND, à la Chapelle, n. 25.

FRISSON, rue des Petits - Augustins, n. 59.

G.

GALLIMARDET, rue Rousselet, n. 3.

GAUDENAIRE, rue de Seine, n. 51.

GÉRARD, à la Chapelle, rue Marcadet, n. 79.

GILLES, rue Coquenard, n. 21.

GODART, rue de l'Oursine, n. 52.

GODET, cul-de-sac S.-Sébastien, n. 3.

GORRE, rue Folie-Méricourt, n. 4.

GOSSELIN, rue de Bagneux, n. 14.

GOUVERNEUR, rue des Dames, n. 10, à Mouceaux.

GRANDIN, rue des Messageries, n. 13.

GRÉGOIRE, rue des Brodeurs, n. 15.

GRODIDIER, rue du faubourg S.-Denis, n. 123.

GRUSILLE, rue Beautreillis, n. 4.

GUBLODÉ, rue de la Barouillère, n. 6.

GUIBAL (Jean), rue Fontaine-au-Roi, n. 3o.

GUIBAL fils (Pierre), rue Fontaine-au-Roi, n. 3o.

GUIDON, rue Montholon, n. 26.

GUY, rue de Bondy, n. 48.

H.

HAGEN, rue du faubourg S.-Martin, n. 212.

HERDET, boulevard du Temple, n. 33.

HEREL, petite rue S.-Pierre, ruelle Pillée.

HERVY, rue de Paradis, n. 9 (Poissonnière).

HOURT, rue Popincourt, n. 28.

HUE, rue Montholon, n. 22.

I. J.

IMBERT-LACHÈVRE, rue de Lacuée, n. 2.

JAVAUX, rue des Grésillons, n. 12.

JOIGNY, à la Chapelle S.-Denis, n. 5.

JUDENNE, à la Goutte d'or, barrière Poissonnière.

K.

KINDERMANS, rue de la Tour, n. 15.

KRECKÉ, rue des Grésillons, n. 8.

L.

LACHAUX, rue des Vieilles-Tuileries, n. 21.

LAINÉ, rue de Babylone, n. 9.

LAMBERT, Impasse Coquenard, n. 22.

LANORE, rue Rochechouart, n. 33.

LAPIERRE, rue des Vieux-Augustins, n. 43.

LARESCHE, rue Rochechouart, n. 10.

LAUNAY, rue Caumartin, n. 41.

LEBOISSELIER, rue des Vieilles-Tuileries, n. 21.

LEBOULANGER, rue du faubourg Poissonnière, n. 124.

LEBRETON, rue de Vaugirard, n. 91.

LECHEVRELLE, village d'Orsel, n. 7, (commune de Montmartre).

LECOURT, cul-de-sac des Hospitalières, n. 4.

LEFÈVRE, rue S.-Romain, n. 9.

LEFÈVRE (D°), rue des Vieilles-Tuileries, n. 31.

LEGASTBLOIS, chaussée du Maille, n. 3.

LEGUILLON, rue du faubourg S.-Denis, chemin de Ronde, n. 1.

LEMARÉCHAL, rue de Poliveau, n. 6.

LEMPÉRIÈRE, rue de Babylone, n. 9.

LENOIR, rue Amelot, n. 62.

LEROY, rue du faubourg du Temple, n. 58.

LESPAZÉ, rue du faubourg S.-Martin, n. 201.

LEVER, boulevard S.-Antoine, n. 14.

LÉVÈQUE, rue neuve de Ménil-Montant, n. 6.

LORY, rue du Petit-Vaugirard, n. 17.

LOYER (Jean-Baptiste), rue Pavée, n. 6 (Marais).

LOYER (Jean-François), rue S.-Maur, n. 19 (Temple).

M.

MARCHADIER (Gérard-Pierre), rue du Faubourg Saint-Martin, n. 108.

MARCHADIER (Jean-Pierre), *Id.*

MARTINET (Veuve), rue Grange-aux-Belles, n. 15.

MASSÉ, rue des Trois-Couronnes, n. 23.

MERGÉ, rue des Brodeurs, n. 27.

MONGUIN, rue Rousselet, n. 3.

MONNET, à la Chapelle, n. 4 bis.

MORAINVILLE, à la Chapelle, n. 5.

MUFFAT JEANDET, rue du Faubourg Saint-Martin, n. 256.

N.

NAIME, rue de la Cérisaie, n. 29.

NEW, grande rue Verte, n. 16.

NICOLLE (Demoiselle), rue de Lacuée,
n. 2.

NIEFFE, rue Popincourt, n. 72.

NOEL, rue des Messageries, n. 26

P.

PALLUZ (Veuve) rue du Petit-Vaugirard,
n. 1.

PASQUET, rue des Vieilles-Tuileries,
n. 21.

PAULMIER, cul-de-sac Coquenard, n. 22.

PAULMIER (Charles) , cul-de-sac Coquenard, n. 22.

PERRIER (Louis Sylvain), rue Saint-Ro-
main, n. 9.

PERRIER (Nicolas-Ambroise), rue du
Faubourg Saint-Denis, n. 158.

PERRIÈRE (Antoine), rue de la Tour-
d'Auvergne, n. 3.

PERRIN, rue Folie-Méricourt, n. 20.

PETIT, rue Saint-Maur, n. 45, faubourg
du Temple.

PICARD (Veuve), rue Beautreillis, n. 15.

PICHON, à la Nouvelle-France.

POLETTI, passage Orsel, n. 7, à Montmartre.

POTTIER (Veuve), rue du Faubourg-
Montmartre, n. 44.

POUPON, rue d'Anjou, n. 60.

PRON, rue de l'Égout Saint-Germain,
n. 10.

Q.

QUINETTE, Grande Rue, n. 13, à Vaugirard.

R.

RADA, rue Neuve des Mathurins,
n. 41.

RAMBURE, rue de Thorigny, n. 2, (marais).

RAULIN (Veuve), rue Folie-Méricourt,
n. 4.

RECLUS, rue de la Harpe, n. 85.

RÉZILLOT, rue du Pont-aux-Choux, n. 13.

RÉMY (Veuve), à la Chapelle, n. 37.

RICHARD, rue du Faubourg Saint-Denis, n. 158.

RISPAL, rue de Vaugirard, n. 11.

RIVIÈRE, cul-de-sac Saint-Claude, n. 4.

ROBERT (Charles), rue du Faubourg Poissonnière, n. 136.

ROBERT (Jean), impasse de la Pompe, n. 8.

ROUARD, rue Saint-Jacques, n. 369.

ROULLAND, rue Montholon, n. 22.

ROUSSEY, rue de Paradis-Poissonnière, n. 8.

S.

SAIN, rue du Delta, maison Varin, faubourg Poissonnière.

St.-AUBIN (Veuve), rue du Grand-Vaugirard, n. 79.

SALLES (Dame), rue du Faubourg-Saint-Martin, n. 108.

SAUTOT, rue des Fossés-Saint-Marcel, n. 42.

St.-SAENS, rue de Seine, n. 59.

SCHULÈS, rue du Rocher, n. 6.

SCHUMMER, rue du Petit-Vaugirard, n. 3.

SIMON (Veuve) et BAGNARD, r. Neuve de Ménilmontant, n. 8.

T.

TEISSEDRE, rue du Faubourg du Temple, n. 58.

TESTEFORTE, Grande-Rue, à la Chapelle, n. 43.

THIL (Nicolas), rue du Faubourg Saint-Martin, n. 71.

THOMAS, à la Chapelle, rue Marcadet, n. 5.

THOMY (Veuve), rue du Faubourg-Saint-Martin, n. 70.

THONET, rue de Ménilmontant, n. 38.

TILL, fils (Emmanuel), rue des Vieilles-Tuileries, n. 6.

TILL, fils (Nicolas), rue des Vieilles-Tuileries, n. 31.

V.

VALLET, rue du Faubourg Poissonnière, n. 3.

VARIN (Bernardin), rue du Faub. Saint-Martin, n. 215.

VARIN (Michel-Luc-Victor), rue du Faubourg Poissonnière, n. 122.

VILLAIN, impasse Coquenard, n. 22.

VILLARD,   *Id.*

VINCENT, rue du Bac, n. 134.

Y.

YOUF (Veuve), rue de Bondy, n. 62.

CABRIOLETS DE L'INTÉRIEUR.

CABRIOLETS DE L'INTÉRIEUR.

Numéros et Loueurs.		Numéros et Loueurs.	
1	VIRTELLE.	23	LÉVÊQUE.
2	id.	24	id.
3	id.	25	id.
4	id.	26	id.
5	id.	27	id.
6	id.	28	id.
7	id.	29	id.
8	Dame DESFORGES.	30	id.
9	id.	31	GEFFROY - DESPAL-LIERS.
10	LECOURT (Pierre).		
11	DHIOT.	32	PETIT.
12	LEVY.	33	GEFFROY - DESPIL-LIERS.
13	RIQUET.		
14	FOURNIER.	34	MERGÉ.
15	LORRÉ.	35	MAGNIN (J.-D.-D.).
16	MAGNIN (J.-D.-D.).	36	GYBOURY.
17	COLIGNON.	37	id.
18	LÉVÊQUE.	38	QUINETTE.
19	id.	39	FOURNIÈRE.
20	id.	40	PERTÉ.
21	id.	41	DAREAU.
22	id.	42	LEVY,

CABRIOLETS.

Numéros et Loueurs.	Numéros et Loueurs.
43 TIERCELIN.	69 DAREAU.
44 CROT.	70 VENTEGEOL
45 CRONBAUER.	71 HURAUD.
46 FOURNIÈRE.	72 MARTIN (Fr.).
47 DANCOINE.	73 AUBOUIN.
48 LÉVY.	74 MARTIN (Fr.)
49 GYBOURY.	75 VEILLARD.
50 FERTÉ.	76 D° LEGRAND.
51 ROSSIAS.	77 id.
52 GYBOURY.	78 BAUCHAIN (M.-N.).
53 MEROÉ (Jacq.-Jul.)	79 id.
54 LÉVY.	80 PAUL.
55 DAREAU.	81 PILLAIS, fils.
56 TROMPETTE.	82 TROMPETTE.
57 id.	83 HARLAY.
58 PROSPER.	84 MERCIER (D.).
59 MOUTON.	85 TROMPETTE.
60 ROBERGE.	86 TERRIER.
61 V° BUFFET et BARRAND	87 D°ˡˡᵉ BADIN.
62 ALYON.	88 id.
63 BOURET.	89 SCHAEFFER.
64 HURAUD.	90 V° SIMON et BAGNARD
65 PROSPER.	91 id.
66 PÉCHINOT (Jean).	92 id.
67 DAREAU.	93 id.
68 COQUIARD.	94 id.

CABRIOLETS.

Numéros et Loueurs.	Numéros et Loueurs
95 Vᵉ Simon et Bagnard	120 Veuve Buffet et Barrand.
96 Saint Saens.	121 Fournière.
97 id.	122 Leloir.
98 Prosper.	123 Sinet.
99 id.	124 Dillot.
100 Trompette.	125 Penin.
101 Lohlein.	126 Profillet (J.P.M.).
102 Rada.	127 Ventegeol.
103 id.	128 Martin (F.).
104 id.	129 Tribout.
105 id.	130 id.
106 id.	131 id.
107 Webb.	132 id.
108 Trompette.	133 id.
109 Mougnard (F.).	134 Dˡˡᵉ Ellpin.
110 Vᵉ Simon et Bagnard	135 id.
111 Fournière.	136 id.
112 Colas.	137 id.
113 Petitjean.	138 id.
114 Trompette.	139 id.
115 Legastelois.	140 Bourret.
116 Ventegeol.	141 Besson.
117 Veuve Ducrocq.	142 Bourret.
118 Huraud.	143 Gourlet.
119 Veuve Buffet et Barrand.	144 Porulus.

CABRIOLETS.

Numéros et Loueurs.	Numéros et Loueurs.
145 PRON.	171 LÉZIER.
146 *id.*	172 GALIPEAU.
147 *id.*	173 BREVUNE.
148 *id.*	174 ROLLAIN.
149 *id.*	175 BRUNET.
150 BERRY.	176 LEVY.
151 VALAT.	177 *id.*
152 *id.*	178 PAILLOT.
153 D⟨me⟩ MERCIER.	179 VIBERT.
154 FEUILLOY.	180 LEVY.
155 *id.*	181 *id.*
156 *id.*	182 *id.*
157 BREVUNE.	183 *id.*
158 *id.*	184 D⟨me⟩ LEGRAND.
159 LEDUC.	185 *id.*
160 ANCELLET.	186 PERDU.
161 HANOT.	187 D⟨me⟩ LEONARD.
162 CHALET.	188 AUDE.
163 DETIOE.	189 BASTIEN de BEAURRÉ.
164 PERDU.	190 AUDE.
165 *id.*	191 BASTIEN de BEAURRÉ.
166 *id.*	192 BENARD.
167 *id.*	193 *id.*
168 LEZIER.	194 *id.*
169 *id.*	195 *id.*
170 *id.*	196 GALIPEAU.

CABRIOLETS.

Numéros et Loueurs.	Numéros et Loueurs.
197 PARMENTIER.	223 GEFFROY ET DESPAL-
198 MUFFAT JOLY (O.B.).	LIÈRES.
199 PICHON (St.-G.).	224 REACT (Pierre).
200 VENTEGEOL.	225 DUGROCQ.
201 Veuve HÉBERT.	226 BRAIZA - CRETET.
202 id.	227 id.
203 id.	228 VAUTHIER (P.-H.).
204 id.	229 Dme LEGRAND.
205 PROSPER.	230 id.
206 BREVUNE.	231 MAURICE.
207 PETIT ROUX.	232 ROBERT.
208 LABESCHER.	233 id.
209 ARB.	234 id.
210 id.	235 RICHARD., aîné.
211 VENTEGEOL.	236 PROFILLET (J.P.M.).
212 id.	237 LEGENDRE.
213 id.	238 Veuve BAUD.
214 AROX.	239 Dlle ELLUIN.
215 id.	240 id.
216 LECOURT.	241 GALIPEAU.
217 TILL (Jean).	242 id.
218 id.	243 PROFILLET (J.P.M.).
219 id.	244 GALIPEAU.
220 MARCÈS.	245 id.
221 ROLLAND.	246 BOUCHER.
222 DELAUNAY.	247 Dme MERCIER.

CABRIOLETS.

Numéros et Loueurs.	Numéros et Loueurs.
248 BAUCHAIN (G.).	274 LETOT.
249 CONTANT.	275 Dᵐᵉ LEGRAND.
250 LEVY.	276 VENTEGEOL.
251 PECHINOT (Jean).	277 DESCHARMES.
252 id.	278 FOLIE.
253 SERTIER.	279 id.
254 id.	280 id.
255 id.	281 ARON.
256 BRECHE.	282 id.
257 FOURNIÈRE.	283 id.
258 MARTIN (François).	284 id.
259 REAUX.	285 THOMAS.
260 LEVY.	286 MEROÉ (L.L.).
261 Dᵐᵉ LEGRAND.	287 DIDION.
262 id.	288 VENTEGEOL.
263 BAUCHAIN (M.ᴵN).	289 HENRY.
264 id.	290 Dᵐᵉ LEGRAND.
265 BAUCHAIN (G.).	291 id.
266 LEVY.	292 id.
267 id.	293 id.
268 id.	294 id.
269 id.	295 BASTIEN de BEAUPRÉ.
270 GILLES.	296 DESROSIERS.
271 PERRET (Jean).	297 MEROÉ (Julien).
272 LEVY.	298 DENIAU.
273 id.	299 TROTTEMANN.

CABRIOLETS.

Numéros et Loueurs.	Numéros et Loueurs.
300 DENIAU.	326 BENARD.
301 MARIÉ.	327 DEYDIER.
302 LÉVY.	328 SERRAY.
303 DESROSIERS (Marc).	329 id.
304 BAUD.	330 VENTECEOL?
305 id.	331 id.
306 FOSSIEZ.	332 BOURGEOT.
307 id.	333 id.
308 TERRIER.	334 BOURCERET.
309 id.	335 id.
310 COSTARD.	336 COSSON.
311 ROSSIAS.	337 id.
312 MARIÉ.	338 DUCROCQ.
313 GODARD.	339 id.
314 Veuve BALANCET.	340 DESJARDIN.
315 id.	341 id.
316 MAYER.	342 MARÉCHAL.
317 Dme LEORAND.	343 id.
318 THIFIÉ.	344 MAONIN (J.-B.-B.).
319 Dlle ELLUIN.	345 TILL (Jean
320 SYMON.	346 ALYON.
321 PLET.	347 TERRIER.
322 VAUTHIER (P.-H.).	348 GENDRIU.
323 MUFFAT-JOLY (J.F)	349 DESROSIERS (Marc).
324 VOYARD.	350 PERIN.
325 SYMON.	351 SUBREVILLE.

*

CABRIOLETS.

Numéros et Loueurs.	Numéros et Loueurs.
352 FROMENT.	378 CHALET.
353 DESROSIERS (Marc).	379 FERTÉ.
354 Dlle ELLUIN.	380 VAUTHIER (P.-H.).
355 id.	381 FROMENT.
356 TROMPETTE.	382 Dlle ELLUIN.
357 id.	383 MALOIRE.
358 ABRIANI.	384 BEREUIL.
359 id.	385 id.
360 Dlle ELLUIN.	386 BAUCHAIN (G.).
361 id.	387 id.
362 id.	388 GRAFF.
363 TRIPIÉ.	389 SPER.
364 id.	390 DESROSIERS (Marc).
365 LEVY.	391 BRÉVUNE.
366 LAROCHE.	392 MEROÉ (J.-L.).
367 id.	393 GONTHIER.
368 LEVY.	394 VAUTHIER (P.-H.).
369 Dlle ELLUIN.	395 BASTIEN de BEAUPRÉ.
370 id.	396 Dlle ELLUIN.
371 DELAUNAY.	397 id.
372 POPULUS.	398 VENTECOL.
373 LEDOUX.	399 id.
374 id.	400 MARCHAND (J.).
375 DESROSIERS (Marc).	401 DERFLNT.
376 MICHEL (M.-G.).	402 LEDOUX.
377 THOMAS.	403 id.

CABRIOLETS.

Numéros et Loueurs.	Numéros et Loueurs.
404 SAUVAGE.	429 CAPIAN.
405 DELAUNAY.	430 id.
406 BEGAT.	431 BAUCHAIN (M.-N.)
407 id.	432 BANGILLON.
408 BAUCHAIN (M.-N.)	433 BORLOZ.
409 Dme MERCIER.	434 PRON.
410 COMBETTE.	435 FROMENT.
411 BELLANGER.	436 PÉCHINOT (N. G.).
412 PERIER (François).	437 MANOIN.
413 id.	438 CHARLIER.
414 VAUTHIER (Al.-G.).	439 SILVESTRE.
415 id.	440 DELAUNAY.
416 id.	441 id.
417 MAURICE.	442 LEDOUX.
418 LEVY.	443 PERIN.
419 DELAUNAY.	444 DEVAUX.
420 GEFFROY - DESPAL-	445 CHARBONEL.
LIÈRES.	446 PERIN.
421 TROTTEMANN.	447 DELAUNAY.
422 VAUTHIER (P.-H.).	448 LEVEILLÉ.
423 VENIGEOL.	449 CANONNE.
424 COUSSEGAL.	450 id.
425 LEDOUX.	451 ANGIBERT.
426 CAPIAN.	452 ALYON.
427 DESROSIERS (Marc).	453 BERTHONNEAU.
428 VAUTHIER (P.-H.).	454 LAMBQUIN.

CABRIOLETS.

Numéros et Loueurs.	Numéros et Loueurs.
455 PROFILLET (C.).	480 PENIN.
456 PILLARD.	481 ROBERT.
457 JARRY.	482 RAYMONDA.
458 LEZIER.	483 THIÉBAUT.
459 id.	484 DAREAU.
460 VENTECOL.	485 HINQUE.
461 DESROSIERS (Marc).	486 id.
462 D¹¹ᵉ CAUDRILLER.	487 DESROSIERS (Marc).
463 DAREAU.	488 GILLES.
464 MACORS.	489 FERLEY.
465 PENIN.	490 LEVY.
466 id.	491 id.
467 id.	492 ALYON.
468 MARTIN (François).	493 PETITJEAN.
469 HENTSCH.	494 PENDU.
470 LEVY.	495 MARTIN (François).
471 DUMAINE.	496 REBDU.
472 DE ST. RIQUIER.	497 SAUVAL.
473 id.	498 LEVÊQUE.
474 DESRUES.	499 BERFUIL.
475 GEFFROY - DESPALLIÈRES.	500 DELÉCLUSE.
	501 SANDRAS.
476 LEVY.	502 VIDAL.
477 POPULUS.	503 LEVY.
478 FÉVRIER.	504 RAVEL.
479 Dᵐᵉ MERCIER.	505 LEVY.

CABRIOLETS.

Numéros et Loueurs.	Numéros et Loueurs.
506 VOYARD.	532 CHAMPION.
507 VITRE.	533 MUFFAT (J.-P.).
508 MARÉCHAL.	534 BEREUIL.
509 CHALET.	535 *id.*
510 FORCELOT.	536 GUISELIN.
511 BOURET.	537 COUSIN.
512 *id.*	538 RADA.
513 MÉNARD.	539 LEVY.
514 RATIVIERRE.	540 VAUTHIER (P.-H.).
515 HARBEMONT.	541 CHALET.
516 LEDOUX.	542 HAROUEL.
517 FOURNIÈRE.	543 PROSPER.
518 RAMBURE.	544 DUPERIER.
519 VENTEGEOL.	545 D^{me} MERCIER.
520 *id.*	546 *id.*
521 LEDOUX.	547 *id.*
522 BAUCHAIN (G.).	548 MAUGÉ.
523 DURAND.	549 LEBLANC.
524 D^{lle} ELLUIN.	550 DELAUNAY.
525 *id.*	551 VALENTIN.
526 VENTEGEOL.	552 D^{lle} ELLUIN.
527 FEUILLOY.	553 RADA.
528 DESROSIERS (Marc).	554 *id.*
529 LÉVY.	555 *id.*
530 DEBERQUE.	556 *id.*
531 BEREUIL.	557 *id.*

CABRIOLETS.

Numéros et Loueurs	Numéros et Loueurs
558 RADAU...	584 Veuve Ducrocq.
559 Galdon.	585 Brevune.
560 Bieroe (L.)...	586 Perret (J.-B.).
561 Trompette.	587 Steyer.
562 *id.*	588 Boursier.
563 Maillet.	589 *id.*
564 Coudère.	590 Froment.
565 Rambure.	591 Chalet.
566 *id.*	592 *id.*
567 Gusse.	593 Lefèvre.
568 Perdu.	594 D^me Mercier.
569 Valentin.	595 *id.*
570 Delaunay.	596 Martin.
571 Martin (François)	597 D^lle Elluin.
572 Lambquin.	598 Broat.
573 Symon.	599 D^lle Elluin.
574 Cousin.	600 Benard.
575 Terrier.	601 Feuillot.
576 Morand.	602 Folie.
577 Didion.	603 Sertier.
578 Ventecol.	604 *id.*
579 Guyon.	605 Tripié.
580 Alyon.	606 Guillier.
581 Marbaise.	607 Martin (François).
582 Delaunay.	608 Stimbac.
583 Veuve Ducrocq.	609 Levy.

CABRIOLETS.

Numéros et Loueurs.	Numéros et Loueurs.
610 Ve Adelchin.	635 Delaunay.
611 Leoastelois.	636 Saint-Saens.
612 Forcelot.	637 D^{me} Léorand.
613 *id.*	638 Lévy.
614 Chevalier.	639 Dalongmont.
615 *id.*	640 Hugel.
616 *id.*	641 Fraonard (Henry).
617 Astruc.	642 Bauchain (G.).
618 Pichon (Julien).	643 Fraonard (Henri).
619 *id.*	644 Huraud.
620 Chot.	645 Perret (J.-B.).
621 Ternier.	646 Habé.
622 Mallet.	647 Veuve Ferry.
623 Bastien de Beaupré.	648 Moriette.
624 Vc Buffet et Barrand.	649 Benard.
625 *id.*	650 *id.*
626 *id.*	651 *id.*
627 Pelat.	652 *id.*
628 Pichon (Julien).	653 Vauthier (P.-H.)
629 *id.*	654 Fournière.
630 Bauchain (M.-N.).	655 Lucas.
631 Cordier.	656 Aron.
632 Martin (François).	657 Veuve Ducrocq.
633 Leblond.	658 Perdu.
634 D^{me} Léorand.	659 Aron.
	660 Perdu.

CABRIOLETS.

Numéros et Loueurs.	Numéros et Loueurs.
661 ARON.	687 DIDION.
662 *id.*	688 ANOUY.
663 MUFFAT-JOLY (C.E).	689 GALIPEAU.
664 MUFFAT-JOLY (J.F).	690 RAMBURE.
665 VENTEGEOL.	691 GALIPEAU.
666 *id.*	692 PROFILLET (J.-M.-P.)
667 LEVY.	693 DESROSIERS.
668 RAMBURE.	694 GEFFROY - DESPAL-
669 *id.*	LIÈRES.
670 BOUTON.	695 HARDUEL.
671 DUPONT.	696 PROFILLET.
672 HÉBERT.	697 CHOLIN.
673 *id.*	698 BILLY.
674 *id.*	699 LAHAYE.
675 BASTIEN de BEAUPRÉ.	700 LEVY.
676 FORCELOT.	701 BAYOT.
677 LEFÈVRE.	702 POPULUS.
678 *id.*	703 FOURNIÈRE.
679 BRÉMARD.	704 *id.*
680 *id.*	705 *id.*
681 GARUS.	706 BOURSIER.
682 Dlle ACHETTE.	707 *id.*
683 MALPINE.	708 MARÉCHAL.
684 RENDELMANN.	709 FOURNIÈRE.
685 DOREILLE.	710 DÉVENEY.
686 LEVY.	711 Ve SIMON et BAGNARD.

CABRIOLETS.

Numéros et Loueurs.	Numéros et Loueurs.
712 MEROÉ (J.-L.).	724 MACONS.
713 GAILLARD.	725 LEVY.
714 CHAMPION.	726 BREVUNE.
715 LECOURT.	727 LEVY.
716 BAUCHAIN (G.).	728 Vᵉ BUFFET et BAR-
717 SAINT-SAENS.	RAND.
718 BONNEAU.	729 BASTIEN de BEAUPRÉ.
719 DAUMONT.	730 SYMON.
720 VENTEOROL.	731 LEPRINCE.
721 MARQUERON.	732 DEVILLAZ.
722 VENTEOROL.	733 MICHEL (A.-J.).
723 _id._	

CABRIOLETS DE L'INTÉRIEUR.

ADRESSES

DE

MESSIEURS LES LOUEURS

DE LA VILLE DE PARIS.

A.

ABRIANI, rue de la Bourbe, n. 6.

ACHETTE (Dame), rue de Buffault, n. 8.

ADELCHIN (Veuve), rue de l'Université, n. 15.

ALYON (Joseph-M.-César), rue Saint-Dominique, n. 7.

ANCELLET, grande rue de Vaugirard, n. 43.

(123,)

ANGIBERT, rue du faubourg Saint-Martin, n. 201.

ANGUY, rue du faubourg Saint - Denis, n. 74.

ARON (Marc), rue de la Fidélité, n. 14.

ASTRUC, rue Fontaine au Roi, n. 6.

AUBOIN, rue de Vaugirard, n. 119 ; à Vaugirard.

AUDE, rue Cadet, n. 5.

B.

BADIN (Demoiselle), rue Saint-Claude,

BALLANCET (Veuve), jardin de l'Ermitage à Montmartre.

BASTIEN DE BEAUPRÉ, rue de Vaugirard, n. 81.

BANGILLON, rue du Renard-Saint-Sauveur, n. 7.

BAUCHAIN (Germain), rue de l'Hôpital Saint-Louis, n. 7.

BAUCHAIN (Martin - Nicolas), rue de l'Hôpital-Saint-Louis, n. 7.

BAUD, rue du Cherche-Midi, n. 35.

BAUD (Veuve), rue des Vieilles-Tuileries, n. 35.

BAYOT, à la Chapelle, n. 57.

BEGAT, rue Rochechouart, n. 12.

BELLANGER, rue Carême-prenant, n. 18.

BÉNARD, rue de la Fidélité, n. 5.

BERBUIL, rue de l'Ouest, n. 5.

BERRY, rue de Paradis (Poissonnière), n. 36.

BERTHONNEAU, r. de Vaugirard, n. 43, à Vaugirard.

BESSON, rue Rochechouart, n. 12.

BIEROB, rue des Grésillons, n. 16.

BILLY, rue Beautreillis, n. 3.

BONNEAU, r. de Paradis (Poissonnière), n. 41.

BORLOZ, rue du Bac, n. 121.

BOUCHER, rue du faubourg Saint-Denis, n. 23.

(125)

BOURGERET , à Vangirard , Grande-
Rue , n.

BOURET, cul-de-sac-St.-Sébastien , n. 6.

BOURGEOT (Louis-Paul) , rue de la
Mortellerie; n. 118.

BOURSIER , rue Saint-Michel , n. 5.

BOUTON , rue des Grésillons , n. 12.

BREMARD , rue Mondétour , n. 35.

BRECHE , rue du faubourg Saint-Denis ,
n. 56.

BREVUNE , rue du petit Musc ; n. 10.

BREZA-CRETET, chaussée des Martyrs ,
à Montmartre.

BRUNET , rue de Paradis (Poissonière) ,
n. 36.

BUFFET et BARRAND (Veuve) , rue
du faubourg St.-Martin , n. 79.

C.

CANONNE , chaussée du Maine , n. 3.
CAPIAN , route de Pantin.
CHARBONEL , rue de la Harpe , n. 56.

CAUDRILLER, rue Rochechouart, n. 20.

CHALET, chaussée du Maine, n. 15.

CHAMPION, rue Mazarine, n. 40.

CHARLIER, rue de Chaillot, n. 47.

CHEVALLIER, chaussée du Maine près la Boule d'or.

CHOLIN, rue du faubourg du Temple, n. 12.

COLAS, rue du Petit-Vaugirard, n. 10.

COLIGNON, rue Saint-Anastase, n. 16.

COMBETTE, rue du faubourg-St.-Denis, n. 128.

CONTANT, rue de Paradis (Poissonnière). n. 28.

COQUIARD, rue des Messageries, n. 6.

CORDIER, rue de la Voirie, n. 8.

COSSON, rue Gaillot-Maurby, n. 47.

COSTARD, rue du Figuier-Saint-Paul, n. 5.

COUDERE, rue de la Voirie, n. 22.

COUSIN, rue du faubourg-Saint-Martin, n. 211.

COUSSEGAL, rue de Vaugirard, n. 11.

CRONBAUER, rue du faubourg St-Denis, n. 111.

CROT, rue Barouillère, n. 6.

D.

D'AIGREMONT, cul-de-sac Saint-Louis, n. 10 (Porte-St-Martin).

DANCOINE, rue de la Marche, n. 8.

DARBAU, Grande-Rue, à Vaugirard, n. 4.

DAUMONT, rue des Messageries, n. 18.

DEBERGUE, grande rue Verte, n. 101.

DELAUNAY, rue Neuve-Plumet, n. 5.

DELECLUSE, rue de l'Université, n. 15.

DÉNIAU, rue de Ménilmontant, n. 49.

DERPINT, rue Popincourt, n. 28.

DE SAINT-RIQUIER, rue du Petit-Bourbon, n. 18.

DESCHARMES, rue Rochechouart, n. 33.

DESFORGES (Dame), à la Petite-Villette, rue de Pantin.

DESGARDIN, rue Payenne , n. 16.

DESROSIERS , rue Malard ; n. 12 (Invalides.).

DESRUES , cul-de-sac Coquenard , n. 22.

DÉTIGE , rue de Paradis (Poissonnière) , n. 28.

DEVAUX , rue des Marais (St.-Germain) , n. 11.

DEVEVEY , rue Neuve-Saint-Marc, n. 7.

DEVILLAZ , rue Grange-Batelière , n. 19.

DEYDIER , rue de la Procession , n. 8, à Vaugirard.

DHIOT , rue St-Dominique ; n. 55.

DIDION , rue de Ménilmontant ; n. 8.

DORBILLE , rue de l'Université ; n. 45.

DUCROCQ fils , rue des Vieilles-Tuileries ; n. 36.

DUCROCQ (Veuve), rue Saint - Maur, (Saint-Germain), n. 6.

DUMAINE, à la Villette ; n. 13.

DUPERIER, rue du faubourg-St.-Honoré, n. 23.

DUPONT, quai d'Anjou, n. 13.

DURANT, rue du Bac, n. 169.

ELLUIN (Demoiselle), rue des Vinaigriers,
n. 11.

F.

FAGNARD, rue de Paradis (Poissonnière),
n. 28.

FERLEY, rue du canal St.-Martin, n. 5.

FERRY (Veuve), rue du Roi-de-Sicile,
n. 5.

FERTÉ, rue de Paradis (Poissonnière),
n. 28.

FEUILLOY, rue du Petit-Vaugirard, n. 17.

FÉVRIER, rue Croix-Nivet, n. 11, à
Vaugirard.

FOLIE, rue Basse-du-Rempart, n. 48.

FORGELOT, rue Saint-Laurent, n. 4,
faubourg Saint-Martin.

FOSSIEZ, rue du Dragon, n. 10.

FOURNIERE, grande rue de Vaugirard, n. 79, à Vaugirard.

FOURNIER, rue Montholon, n. 26.

FROMENT, cul-de-sac Saint-Sébastien, n. 20.

G.

GAIDON, rue Garancière, n. 8.

GAILLARD, rue du Parc-Royal, n. 4.

GALIPEAU, rue des Vieilles-Tuileries, n. 30.

GARUS, cul-de-sac-Saint-Louis, n. 10.

GEFFROY-DESPALLIERES, chaussée du Maine, n. 34.

GENDRU, rue Sainte-Placide, n. 2.

GILLES, chaussée de Ménilmontant, n. 20.

GODARD, rue de Bourgogne, n. 25.

GONTIER, rue des Grésillons.

GOURLET, rue des Lions-St-Paul.

GRAFF, rue des Vignes, n. 24, à Vaugirard.

GUILLIER, rue Gérard-Boquet, n. 21.
GUISELIN, rue Saint-Jacques, n. 218.
GUSSE, rue de l'Ecole, n. 38, à Vaugirard.
GUYON, rue et île Saint-Louis, n. 16.
GYBOURY, cul-de-sac Saint-Sébastien,
n. 5.

H.

HABÉ, rue Culture-Ste.-Catherine, n. 42.
HANOT, rue de Ménilmontant, n. 49.
HARBEMONT, rue Rousselet, n. 16.
HARLAY, rue des Poissonniers, à la Cha-
pelle.
HAROUEL, rue des Tournelles, n. 51.
HÉBERT (Veuve), rue de Rochechouart,
HÉBERT (Félix), quai Bourbon, n. 33,
(île St.-Louis).
HENRY, rue de la grande Voierie, n. 6.
HENTSCH, rue de la Bourbe, n. 8.
HINQUE, rue St.-Jacques, n. 264.
HUGEL, rue de Bourgogne, n. 25.

HURAUD , rue Neuve-St.-Nicolas, n. 2,
(faubourg St-Martin).

J.

JARRY, rue du Bac, n. 9.

L.

LAHAYE, quai de Bourbon, n. 25 (île St.-
Louis.).

LAMQUIN, grande rue Verte, n. 46.

LARESCHE, rue du Rocher, n. 4.

LAROCHE, rue des Messageries, n. 17.

LEBLANC, rue St.-Maur, n. 72 (Temple).

LEBLOND, rue St.-Jean-de-Beauvais,

LECOURT , cul-de-sac des Hospitalières,

LEDOUX , Grande-Rue, à Vaugirard,
n. 79.

LEDUC , rue de Béthisy, n. 16.

LEFEVRE (Antoine-Germ.), quai d'Anjou, n.

LEFEVRE (Louis-Marcel-Honoré), rue neuve des Mathurins, n. 38.

LEGASTELOIS, rue de Touraine, n. 9.

LEGENDRE, rue du Cardinet (Mouceaux près Paris.)

LEGRAND (Danie), rue des Récollets, n 8.

LELOIR, rue Maison-Neuve, n. 2.

LEPRINCE, rue St-Louis, n. 58 (Marais).

LETOT, r. de Paradis (Poissonnière), n. 28.

LEVEILLÉ, rue de la Voirie, n. 2.

LEVEQUE, r. neuve de Menilmontant, n. 6.

LEVY, rue St-Maur, n. 47 (Temple).

LEZIER, rue des Marais, n. 29 (faubourg Saint-Martin.)

LOHLEIN, rue du Four, n. 67.

LORRE, rue Folie-Méricourt, n. 23.

LUCAS, rue du faubourg Saint-Denis, n. 123.

M.

MAÇORS, rue de Paradis (Poissonnière), n. 28.

MAGNIN, rue St.-Maur (Temple), n. 45 ou 47.

MAILLIET, rue du Bac, n. 162.

MALLET, à la Chapelle, n. 34.

MALOINE, r. des Vieux-Augustins, n. 67.

MANGIN, rue Cloche-Perche, n. 18.

MARBAISE, rue St.-Dominique, n. 88.

MARCES, rue de la Roquette, n. 85.

MARCHAND, rue des Grésillons, n. 6.

MARÉCHAL, rue de la ferme des Mathurins, n. 7.

NARGUBRON, grande rue de Vaugirard, n. 19.

MARIÉ, rue Rochechouart, n. 33.

MARTIN (François), chaussée du Maine, n. 15.

MAUGE, rue Montaigne, n. 5.

MAURICE, rue de Buffaut, n. 9.

MAYER, rue Saint-Lazare, n. 108.

MENARD, rue St-Paul, n. 32.

MERCIER (Dame), rue Grange-aux-Belles, n. 15.

MERGÉ (Jacques-Julien), rue des Brodeurs, n. 37.

MERGÉ (Jacques-Louis), rue de Sèvres, n. 101.

MICHEL (Antoine-Joseph), plaine de Grenelle, rue Genoux.

MICHEL (Martin-Gabriel), rue Neuve-Saint-François, n. 5.

MORAND, rue d'Anjou, n. 6.

MORIETTE, rue des Messageries, n. 14.

MOUGNARD (François), rue de Cheillot, n. 54.

MOUTON, rue du Buisson-Saint-Louis, n. 12.

MUFFAT (Jean-Pierre), rue du faubourg Saint-Martin, n. 256.

MUFFAT-JOLY (Charles-Emmanuel), rue Rochechouart, n. 12.

MUFFAT-JOLY (Jean-François), rue Rochechouart, n. 12.

P.

PAILLOT, rue et île St.-Louis, n. 88.

PARMENTIER, rue de Louis-le-Grand, n. 21.

PAUL, rue des Boucheries-St.-Germain, n. 10.

PECHINOT (Jean), rue des Trois-Pavillons, n. 16.

PÉCHINOT (Narcisse-Gabriel) rue des Trois Pavillons, n. 16.

PELAT, rue du faubourg du Roule, n. 16.

PERDU, rue de la Fidélité, n. 16.

PERIER, rue des Amandiers (Ménilmontant).

PERIN (Joseph-Maurice), rue du Sabot, n. 3.

PERRET (Jean), rue du Foin, n. 3, (Marais).

PERRET (Jean-Baptiste), rue du Parc-Royal, n. 6.

PETIT, rue Neuve-St.-Paul, n. 17.

PETIT-JEAN, chaussée des Martyrs,
maison de l'Ermitage.

PETIT-ROUX, rue St.-Dominique, n. 40.

PICHON (Julien), à la Chapelle, n. 19.

PICHON (Stanislas - Gabriel), rue de
Sèvres, n. 97.

PILLARD, rue Saint-Jacques, n. 189.

PILLET, rue du faubourg Saint-Denis,
n. 74.

PLET, rue du Bac. n. 123.

POPULUS, rue Montholon, n. 26.

PROFILLET (Jean-Marie-Pierre), rue des
Dames-aux-Batignolles.

PROFILLET (Charles), rue de la Cerisaie,
n. 33.

PRON, rue de l'Egoût, n. 10 (St.-Germ.).

PROSPER, rue de Vaugirard, n. 79, à
Vaugirard.

Q.

QUINETTE, Grande-Rue, n. 13, à Vaugirard.

R.

RADA, rue Neuve-des-Mathurins, n. 41.

RAMBURB, rue de Thorigny, n. 2.

RATIVIERRE, rue du Petit-Vaugirard,
n. 10.

RAVEL, rue du Cherche-Midi, n. 35.

RAYMONDA, rue Jarente, n. 6.

REACT (Pierre), rue du Petit-Vaugirard, n. 10.

REAUX, rue du Faubourg-Saint-Denis,
n. 111.

RENDELMANN, cul-de-sac Saint-Sébastien, n. 6.

RICHARD, (aîné), rue de Rochechouart,
n. 20.

RIQUET, à la Chapelle, n. 39.

(139)

ROBERGE, rue du Faubourg-Poissonnière,
n. 128.
ROBERT, cul-de-sac de la Pompe, n. 8.
ROLAND, rue de Chaillot, n. 47.
ROLLAIN, rue de Jarente, n. 6.
ROSSIAS, rue Trouvée, n. 6.

S.

SAINT-SAENS, rue des Fossés-Monsieur-
le-Prince, n. 41.
SANDRAS, rue Saint-Jacques, n. 104.
SAUVAGE, rue Saint-Jean-de-Beauvais,
n. 11.
SAUVAL, rue du Cherche-Midi, n. 35.
SCHAEFFER, rue du Paradis, n. 26.
SERTIER, rue du Faubourg-Poissonnière,
n. 128.
SEVRAY, rue de la Voirie, n. 6.
SILVESTRE, rue Rochechouart, n. 12.
SIMON ET BAGNARD, (Ve), rue Neuve-
de-Ménilmontant, n. 8.

SINET, Vieille rue du Temple, n. 82.

SPER, à la Chapelle, n. 40.

STEYER, rue Rochechouart, n. 35.

STIMBAC, rue du Faubourg-Poissonnière,
n. 17.

SUBREVILLE, rue Saint-Nicolas-d'Antin,
n. 49.

SYMON, rue de Malthe, n. 4.

T.

TERRIER, à la Villette, n. 110.

THIÉBAULT, rue des Vieilles-Tuileries,
n. 31.

THOMAS (Luc), rue Rousselet, n. 41.

THOMAS (Sébastien), rue de Saintonge,
n. 38.

TIERCELIN, rue de la Cerisaie, n. 33.

TILL (Jean), rue des Vieilles-Tuileries,
n. 30.

TRIBOUT, rue de Chabrol, n. 8, à la
Chapelle,

TRIPIÉ, rue de la petite Voirie, n. 3,
(Montrouge).

TROMPETTE, barrière des Vertus.

TROTTEMANN, rue Rochechouart, n. 14.

V.

VALAT (Veuve), rue du faubourg Saint-
Martin, n. 222.

VALENTIN, rue de la Parcheminerie, n. 9.

VAUTHIER (Antoine-Charles), Chaussée
du Maine, n. 15.

VAUTHIER (Paul - Henri), boulevard
des Vertus, n. 16.

VEILLARD , rue de la Voirie, n. 8.

VENTEGEOL, chaussée du Maine, n. 15.

VIBERT, rue de Chabrol, n. 8, à la Chapelle.

VIDAL, rue du Parc-Royal, n. 4.

VIRTELLE, rue de Ménilmontant, n. 45.

VITRE, rue du faubourg Saint - Martin,
n. 188.

VOYARD, rue des Marais, n. 27, (Faubourg Saint-Martin).

W.

WEBB, Barrière-Blanche, n. 28.

CABRIOLETS DE L'EXTÉRIEUR.

CABRIOLETS DE L'EXTÉRIEUR.

Numéros et Loueurs.

1401 SIMONNET (Nicolas-Silvain).
1402 BERTEUIL (Jean).
1403 LAMOUCHE (Antoine).
1406 HEMONT (Fr.).
1409 GRANGER (Jacq.).
1410 MARCHAND (Ch.).
1413 NICLOT (Joachim).
1415 GALLOIS (J.-Marie).
1418 MARCHAND (Ch.).
1419 MARTINON (L.).
1420 LEROUX (Jacq.).
1421 MAÇON (Denis).
1422 BAZIRE (Thomas-Nicolas).
1423 TISSOT (Jean).
1424 Veuve TIOLA.
1425 PINARD (Jérôme).
1426 FOURNEAUX (Vin¹).
1435 MARCHAIS (Jean).

Numéros et Loueurs.

1436 TAVERNIER (Ch.).
1437 CATOIRE (Aug.).
1438 MARTROU (Pierre).
1439 COSSAT (Sulpice).
1441 CASSÉ (Jacques).
1442 DALIFOL (J.-J.).
1443 LEROUX (Jean-F.).
1451 MALLET (Charles-Prosper).
1453 SEORETIN (René).
1455 MONOUIN (P.).
1460 JEAUNEAU.
1461 Veuve NEVEU.
1462 BAILLY (Thérmot).
1463 TAILLEUR (J.P.).
1464 MARTROU (P.).
1465 ADÉE (Pierre).
1466 AMÉSIART (Fr.).
1467 CENS (Jules).
1468 GARREAU (Fr.).
1469 CHÉREU (Alex.).
1470 RACOT (Pierre).

CABRIOLETS.

Numéros et Loueurs.	Numéros et Loueurs.
1472 Bouquiony (Ant.).	1507 Sarrat, (Jean).
1473 Delante (Pierre).	1508 Mauger (Pierre).
1474 Berteuille (P.).	1509 Pontus (Claude).
1476 Tavernier (L,).	1512 Monguin (Pierre).
1478 Racot (Constant).	1513 Sarrat (Jean).
1479 Breton (J.-Fr.).	1514 Chauvin (Pierre).
1480 Blaupé (Nicolas).	1516 Pijoulat (B.).
1481 Julian (Barth.).	1517 Anorand (André).
3483 Ledru (Robert).	1522 Richard (Jean.).
1484 Lefebvre (J.-P.),	1523 Beaubestre (F.).
1485 Avioné (J.-B.).	1524 Monouin (Pierre).
1486 Levillain (F.).	1525 Bazire (Thomas).
1487 Collet (Nicolas).	1528 Blancard.
1490 Fernier (Jacques).	1531 Namur (L.-C.).
1492 Baone (Pierre-Bar-	1533 Debière (J.-B.).
thélemy).	1535 Tormel (Franç.).
1493 Fenard (Franç.)	1536 Namur (C.-A.).
1494 Perou (Frç.).	1537 Tormel (Franç.).
1495 Ancelin (Ant.).	1540 Adam (Franç.).
1496 Robert (J.Fr.).	1541 Namur (C.-A.).
1497 Chauvin (Pierre).	1543 Somme (J.-L.)
1499 Lacroix (Jean).	1544 Penin (P.-J.)
1500 Namur (L.C.-A.).	1545 Morel (Antoine).
1501 Herbat (Louis).	1547 Leveque (L.-G.).
1503 Pech,eston (L.).	1549 Besancon (J.-B.).
1505 Simon (M.-A.).	1550 Rabouin (Louis).

CABRIOLETS.

Numéros et Loueurs	Numéros et Loueurs
1551 CLERCÉ (Paul).	1597 TOURTE (Pierre).
1552 LAURENT (H.-L.).	1598 MARCEAUX (J.-O.).
1554 GUEUDIN (F.-M.).	1601 MONOUIN (Pierre).
1555 COROY (Philippe).	1602 BAUNE (P.-B.).
1558 COROY id.	1603 DESOYE (Pierre).
1560 GERVAIS, fils.	1604 LEDERT (Nicolas).
1564 LEROUX (J.-F.).	1606 ADAM (Laurent).
1566 CHEYLUS (Jean.).	1607 LECLERC (P.-N.).
1567 CHAPRON (A.-C.).	1608 TESTEFORTE (F.).
1568 SCHWING (F.).	1611 TITRE (Théodore).
1570 LEDUC (P.-M.-J.).	1612 CLERCÉ (Paul).
1571 DEBAS (F.-J.).	1613 BAZIRE (T.-N.).
1572 LEGUILLON (P.-P.).	1614 ANGENARD (N.-F.).
1577 GENS (J.-A.).	1615 DESSOUCEAUX (M.).
1578 FOUCHET (A.-N.).	1616 BELLET (J.).
1579 CHEYLUS (Jean.).	1617 DANJOU (M.-F.).
1580 LEROT (Joseph).	1618 REMY (Albert).
1581 DORMOY (Ve.).	1619 LEMAISTRE (J.-B.).
1585 VILLERET (Franç.).	1620 HUE (J.-B.).
1586 ELOIR (Auguste).	1621 PONTUS (O.-F.).
1587 FERTRAY (F.-A.).	1623 LECLERC (P.-N.).
1593 CLERCÉ (Paul).	1624 MONOUIN (P.-N.).
1594 ALIBERT (Pierre).	1625 PAULIN (Pierre).
1595 EQUIN (Louis).	1627 DEPREZ (J.-Jos.).
1596 POUSSARD (André-Nicolas-Henry).	1628 LAURENT (H.-L.).
	1629 SENELIE (F.).

CABRIOLETS.

Numéros et Loueurs.	Numéros et Loueurs.
1630 BIEROE (M.-G.).	1676 PENIN (P.-J.).
1631 DUPUIS (O.-L.).	1678 PRIEUR (Thoma
1634 TOUATE (Pierre).	1680 TOULOUSE (L.-F
1635 DUPUIS (C.-L.).	1681 VILLERET (Franç
1639 MARCHAIS (L.-S.).	1682 MAUPIN (J.-P.).
1640 GUILLY (Paul).	1683 BONNET (Antoin
1642 COLLET (N.).	1686 CLAVIÈRES (A.).
1643 PEROU (F.).	1687 MOUCHY (Louis
1648 LEVÊQUE (L.-G.).	1688 [illegible]
1650 CORROYER (A.).	1689 PRIEUR (L.-J.).
1651 MENOU (Gabriel).	1691 BIZARD (J.-F.).
1653 GOURMAND (C.-F.).	1692 PRIEUR (G.-B.).
1656 [illegible]	1693 MARCEAU (J.-C.
1658 GRASCHAIR (J.-B.).	1694 DUBOIS (M.).
1659 PINARD (J.-B.).	1698 JEANNIN (L.-B.)
1660 GERVAIS (Victor).	1699 RICHARDON (P.).
1661 VOYETTE (N.-M.).	1701 DAUNE (P.-B.).
1662 LEFOYER (F.-J.).	1703 AJOUES-PARSES (J
1663 DAUBOUIN (A.).	1704 GODET (Édouar
1666 JAMOT. (J.).	1705 TROUSSE (Pierr
1667 LEVILLAIN (F.).	1707 GUDIN (Françoi
1668 HERBINIER (J.-B.).	1708 BIEROE (F.-G.).
1669 CHOLET (A.-N.).	1711 ROLLAND (A.).
1671 BONHOMME (Jac.).	1715 PARIS (François
1672 CHENEL (C.-C.).	1717 DOLEANT (A.).
1674 BAYON (J.-B.).	1718 BOUCHET (J.).

CABRIOLETS.

Numéros et Loueurs.	Numéros et Loueurs.
1720 GUIDIN (Michel).	1773 ADAM (L.).
1721 ROBERT ((J.-F.)	1774 SCAPRE (L.).
1724 DECOUT (Veuve).	1775 BOUILLET (C.-R.).
1726 RABOIN (Louis).	1777 DORMOY (Veuve).
1727 DONNY (J.-F.).	1778 GERNAY (Antoine).
1730 FOURNEAUX (V.).	1779 LEFEVRE (J.-B.).
1734 BELLON (J.).	1784 LOYAU (L.-F.).
1737 KLEIN (Antoine).	1787 HEBERT (J.-V.).
1738 LARACINE (P.).	1788 VOLOT (N.).
1749 CHAPRON (A.-C.).	1789 CHAUMIER (Pierre).
1741 VINO (E.-D.).	1793 BAUNE (P.-B.).
1742 FINET (B.).	1794 HAUTCŒUR (N.-P.).
1743 LACORDES (M.).	1797 SOUCHET (P.-M.).
1744 DUGEVRE (B.).	1798 CHARTIER (F.-M.).
1745 SECRETIN (René).	1799 DUBOIS (Vincent).
1748 MAT (Antoine).	1800 CHESNE (J.-B.).
1751 SECRETIN (M.-M.).	1801 CHEVALIER (P.-N.).
1753 BEAUVAIS (V.).	1802 BRUCARD (J.-L.).
1754 MARTROU (P.).	1803 TROUILLET (H.).
1756 DELAMARLIÈRE	1804 RAUX (J.-H.).
(Pierre-Bréon).	1807 LEUILLIER (L.-T.).
1761 DUBOIT (Pinal).	1810 MARTROU (Pierre).
1763 GOUDARD (F.).	1811 *id.*
1764 TRAVERS (L.-G.).	1812 LEROUX (Jean).
1768 LECOMTE (P.).	1813 LEDUC (P.-M.-J.).
1770 TARLAY (L.-C.).	1814 LANCE (J.).

CABRIOLETS.

Numéros et Loueurs.	Numéros et Loueurs.
1816 SENELLE (Paul).	1847 LENOIR (L.-F.).
1817 BAILLY (C.-G.).	1848 MARY (J.-M.).
1818 CHALONS (Poc.).	1849 CONSIGNY (J.-A.).
1819 SENELLE (Paul).	1851 AUBRY (N.-L.).
1820 TONDA (Hyac.).	1852 GERVAIS (D.-N.).
1821 GUICHARD (P.-L.).	1854 PICHON (Julien).
1822 CORROYER (A.).	1855 DEMOREAU (A.).
1823 PINET (J.-M.).	1856 MARCHE, fils (Louis-Étienne).
1824 CHÊNE (J.-B.).	
1825 MENIEL (Etienne).	1859 GOURLIER (V.).
1826 BACQUE (Pierre).	1860 ORSET (Cla.).
1827 TROUILLET (A.).	1863 DELANTE (Pierre et Charles).
1832 PETIT (Veuve).	
1833 BLANCARD (M.-L.).	1865 LOUVET (Louis).
1834 LENOIR (L.-F.).	1866 LAFONTAINE (Marmès-Louis).
1835 CHERDHOMME (P.-Franç.).	
	1868 DELANTE (Pierre et Charles).
1836 COLEAU (L.-F.).	
1839 ROUARD (J. B.).	1869 PLAUT (J.-B.).
1840 id.	1870 id.
1841 PERDU (Florent).	1871 RENAUT (P.-G.).
1842 GERBAUT (Jean).	1872 GERVAIS (Veuve).
1843 ROUARD (Nicolas).	1873 MASSON (J.-P.).
1844 GUIONARD (Jean).	1874 LEBRETON (J.-F.).
1845 RENAUT (P.-G.).	1875 HUIN (J.-C.).
1846 HANET (C.-T.).	1876 GERVAIS (D.-N.).

CABRIOLETS.

Numéros et Loueurs	Numéros et Loueurs
1877 Mergé (Julien).	1912 Berteuil (L.-F.).
1880 Fertray (A.).	1913 Girot (J.-B.).
1881 Manciaux (M.-F.).	1914 Dubois (J.-B.).
18.2 Ducit-pinat (C.).	1915 Mary (J.-M.).
1884 Roidat (J.-B.).	1916 Delacour (.-M.).
1885 Roger (N.-B.).	1917 Dudret (J.-P.).
1886 Sandras (N.).	1919 Bonhomme (J.).
1887 Adam (Laurent).	1920 Mary (J.-M.).
1888 Pichon (Julien).	1921 Chefdhomme (Pierre-François).
1889 Fernier (J.).	
1890 D. Marchais (V.).	1922 Bertheau (Louis-Charles-Antoine).
1891 Labouolisse (J.).	
1892 Pontus (C.-F.).	1923 Lenormand (L.).
1893 Lemaître (J.-B.).	1924 Bertheau (Louis-Charles-Antoine).
1894 Ragot (Pierre).	
1895 Renaut (P.-G.).	1925 Tissié (Gervais).
1897 Denant (Charles).	1926 Bonnet (Antoine.)
1898 Godin (Franç.).	1927 Lambert (Julien).
1900 Labbé (L.-C.).	1929 Gaillart (M.-D.).
1901 Robert (J.-F.).	1930 Denis (J.-B.).
1903 Leroux (Pierre).	1932 Bordier (C.).
1904 Perdu (Florent).	1933
1905 Chalon (Prosper).	1934 Staffe (F.-J.).
1906 Gaudron (Louis).	1935 Pernier (P.-L.).
1908 Carné (Jean).	1936
1909 Dalifol (J.-J.).	1937 Ve Remy.

CABRIOLETS.

Numéros et Loueurs.	Numéros et Loueurs.
1938 FRIAND (Thiéb.)	1977 MALLET (C.-P.).
1945 DORMOY (M.-P.).	1981 TREMBLAY (P.-N.).
1946 PANLOU (S.-P.-F.).	1983 RAGOT (Pierre).
1947 LEFEBVRE (C.-A.).	1987 MARTINON (B.).
1948 *id.*	1990 DUBOUCHET (J.).
1951 FRIAND (T.).	1992
1954 LEUILLIER (L.-T.).	1994 GAONE (Jean).
1955 PRIEUR (L.-J.).	1997 DANJOU (M.-F.).
1957 PRIOUZET (C.).	2007 LIÉDÉ (A.-A.).
1965 VOYETTE, fils (J.).	2013 MANTEL (Joseph).
1967 MAXIMIN (Adolp.).	2021 TESTARD (C.-R.).
1969 SEGRETIN (M.-M.).	2026 VALLÉE (J.).
1974 BLANCHET (J.).	2058 SUREAU (Simon).
1975 JAMMET (André).	2073 LOMON (J.-M.).

ADRESSES

DE

MESSIEURS LES LOUEURS

DE LA VILLE DE PARIS.

A.

ADAM (François), rue du Chenil, n. 15, à Versailles.

ADAM fils (Laurent), rue d'Anjou, n. 64, à Versailles.

ADÉE (Jean), à Antony.

AIGUES-PARSES, rue du Plessis, n. 19, à Versailles.

ALIBERT (Pierre), à Courbevoie.

AMESLANT, rue Royale, n. 3, à Versailles.

ANCELIN , rue Rousselet , n. 3.

ANGENARD, avénue de St.-Cloud , n. 6,
à Versailles.

ANGRAND , à Scéaux.

AUBRY , à Versailles.

AVIGNÉ fils, à Vincennes.

B.

BACQUE, à Sèvres.

BAILLY (Charles-Gabriel), à Neuilly.

BAILLY (Thermidor) , à Neuilly.

BAUNE , à Boulogne.

BAYON, rue dé Paris , n. 24 , à St.-Denis.

BAZIRE, rue de la Ville-Lévêque , n. 44.

BEAUBESTRE , rue de Paradis (Poissonnière), n. 32 *bis*.

BEAUVAIS , à Longjumeau.

BELLET , à Surène.

BELLON , rue de Molière, n. 5, à Auteuil.

BERTRUIL (Joseph), à Boulogne.

BERTRUILLE (Louis - François), aux
Termes , n. 6.

BERTHEAU , rue Satory, n. 15, à Versailles.

BESANÇON, à Nogent-sur-Marne.

BIERGE (François-Gilles), r. de la Vierge,
n. 9 (Gros-Caillou).

BIERGE (Marie-Gilles), à Puteaux.

BIZARD , à Créteil.

BLANCARD , à Brunoy (Seine-et-Oise).

BLANCHET, rue des Vieilles Tuileries ,
n. 13.

BLAUDÉ , à Pierrefitte.

BONHOMME, rue de Ménard, n. 1er, à
Versailles.

BONNET (Veuve), rue de Charenton,
n. 108.

BORDIER , à Longjumeau.

BOUCHET , rue de Charenton, n. 180.

BOUILLET, à Vincennes.

BOUQUIGNY, rue de Charenton , n. 58.

BRETON , à Sèvres.

BROCARD , rue d'Enfer, n. 89.

C.

CARRÉ, rue du Balai, n. 14, à Versailles.

CASSÉ, rue St-Martin, n. 15, à Versailles.

CATOIRE, à Neuilly.

CENS, rue Rousselet, n. 21.

CHALON, à Villeneuve-St.-Georges.

CHAPRON, rue du Chenil, n. 11, à Versailles.

CHARTIER, à Boulogne.

CHAUMIER, rue des Nonaindières, n. 16.

CHAUVIN (Jeune), à St.-Maur.

CHEFDHOMME fils, à Antony.

CHENEL, à St-Ouen.

CHESNE, à Neuilly.

CHEVALIER, Grande-Rue, à Nogent (Seine-et-Oise).

CHEYLUS, rue de Bercy, n. 48.

CHOLET, rue de la Boulangerie, n. 44, à St-Denis.

CHOVIN (Pierre), à St. Maur.

CLAVIÈRE, cul-de-sac-St.-Dominiq., n. 4.

CLERGÉ, rue du Nord, n. 2, à St.-Cloud.

COLLEAU, rue du faubourg-St.-Jacques, n. 14.

COLLET, rue du petit-Saint-Jean, n. 8. (Gros-Caillou).

CONSIGNY, au pont de St-Maur.

COROY, rue Rousselet, n. 13.

CORROYER, rue des Ursulines, n. 4, à St.-Denis.

COSSAT, rue de Marly, n. 1, à Versailles.

D.

DABRIGEON, à Alfort.

DALIFOL, Cour de l'Orme, n. 2, à l'Arsenal.

DANJOU, à Creteil.

DAUBOUIN, rue du faubourg-St.-Denis, n. 98.

DEBAS, grande rue, à Charenton.

DEBIÉRE, à Saint-Germain.

DEGOUT (Veuve), Cour de Rome, n. 19, rue de Sèvres.

DELACOUR , rue du Poirier, n. 6.

DELAMORLIÈRE, rue Compoine, n. 59,
à St.-Denis.

DELANTE , rue de la Roquette, n. 9.

DEMORBAU , à Stains (Seine).

DEMOUCEAUX , Grande-Rue, n. 48,
à St-Denis.

DENANT , à la Chapelle-St.-Denis , r. 37.

DENIS, Marché Beauveau, n. 7 (Quinze-
Vingts).

DEPREZ , rue d'Aval , n. 14.

DESOYE, rue du Vieux-Versailles , n. 26.
à Versailles.

DOLÉANT , avenue de la Motte-Piquet,
n. 8.

DONNY, à Aubervilliers (Seine).

DORMOY , au Bourg-la-Reine.

DORMOY (Veuve) , au Bourg-la-Reine.

DUBOIS (Michel), rue de la Verrerie,
n. 9 , à St.-Germain.

DUBOIS (Vincent), rue du chemin de
Pantin , n. 2.

DUBOS, rue de Boufflers, n. 7.
DUBOUCHET, rue Saint-Jacques, n. 358.
DUDRET, à la Chapelle-St.-Denis, n. 25.
DUGIT-PINAT, à Antony.
DUGUEVRE, à la Chapelle, n. 37.
DUPUIS, rue d'Aval, n. 14.

E.

EGUIN, rue de Varennes, n. 46.
ELOIR, rue de Vaugirard, n. 79.

F.

FENARD, rue Saint-Dominique, n. 73.
FERNIER, Grande-Rue, à Poissy.
FERTRAY, rue de la Boulangerie, n. 38,
à St-Denis.
FINET, rue du faubourg Saint-Denis,
n. 175.
FOURNEAUX, à la Chapelle-St.-Denis,
n. 37.
FRIAND, rue du faubourg-Saint-Denis,
n. 196.

G.

GAGNE, rue de la Chancellerie, n. 12, à Versailles.

GAILLARD, à Bièvre (Seine-et-Oise).

GALLOIS, à Neuilly.

GARREAU, à Pierrefitte.

GAUDRON, à Longjumeau.

GERBAUT, rue Saint-Jacques, n. 202.

GERNAY, à la Chapelle, n. 25.

GERVAIS (Veuve), rue Duplessis, n. 79, à Versailles.

GERVAIS (Denis-Nicolas), rue Duplessis, n. 79, à Versailles.

GIROT, à St-Denis.

GODET, rue de la Roquette, n. 48.

GODIN, à Sceaux.

GONDARD, à Villeneuve-St.-Georges.

GOURLIER, à St.-Denis.

GOURMAND, à Vincennes.

GRANGER, aven. de la Motte-Piquet, n. 8.

GRASCHAIR, rue des Chantiers, n. 43, à Versailles.

GURUDIN, rue de la Chancellerie, n. 18, à Versailles.

GUICHARD, à Chatou.

GUIDIN, à St.-Maur.

GUIGNARD, rue Mazarine, n. 23.

GUILLY, à Versailles.

H.

HANET, à Colombes.

HAUTCOEUR, rue de l'Université, n. 17.

HEBERT (Jacques-Vincent), à St.-Cloud.

HEBERT (Louis), a Chilly (Seine-et-Oise).

HEMONT, rue des Vieilles-Tuileries, n. 30.

HERBINIER, rue Plumet, n. 3.

HUE, avenue de Paris, n. 54, à Versailles.

HUIN, à Neuilly.

J.

JAMOT, r. de Franklin, n. 2, à St.-Denis.

JAMMET, à Neuilly.

JEANNIN, à Chilly (Seine-et-Oise).

JEAUNEAU, rue du faubourg du Roule, n. 75.

JULIAN, rue de l'Université, n. 1.

K.

KLEIN, à Fontenay-sous-Bois.

L.

LAUBÉ, à Sèvres.

LABOUGLISSE, rue du faubourg Saint-Denis, n. 47.

LACORDER, à Maison-Alfort.

LACROIX, place aux Guêtres, n. 3, à Saint-Denis.

LAFONTAINE, rue d'Enfer, n. 89.

LAMBERT, à Antony.

LAMOUCHE, rue Saint-Martin, n. 277.

LANCE, rue du faubourg St.-Denis, n. 21.

LAURENT, à Charenton.

LARACINE, rue de la Chancellerie, n. 10, à Versailles.

LEBRETON, rue des Fourneaux, n. 5.

LECLERC, rue de la Boulangerie, n. 44, à Saint-Denis.

LECOMTE, rue du Moulin, à Vincennes.

LEDENT, rue Sainte-Catherine d'Enfer, n. 2.

LEDRU, avenue de la Motte-Piquet, n. 8.

LEDUC, à St.-Maur.

LEFEVRE (Charles-Augustin), avenue de Saint-Cloud, n. 5, à Versailles.

LEFEVRE, aîné (Jean-Baptiste), à Boulogne.

LEFEVRE (Jean-Pierre), à Boulogne, n. 12.

LEFOYER, rue Croix-Nivet, n. 9, à Vaugirard.

LEGUILLON, foire St.-Laurent, n. 10.

LEMAITRE, rue de la Vierge, n. 9.

LENOIR, rue du Guet, à Ruelle.

LENORMAND, à Charenton.

LEROT, rue Popincourt, n. 24.

LEROUX (Jacques), rue Rousselet, n. 13.

LEROUX (Jean - François), rue Croix-
Nivet, n. 9., à Vaugirard.

LEROUX (Pierre), à Pierrefitte.

LEVILLIER, rue du faubourg Saint -
Martin, n. 239.

LEVÈQUE, au Bœuf couronné, à Saint-
Cloud.

LEVILLAIN, rue d'Enfer, n. 99.

LIÈDE, rue de Charenton, n. 58.

LOMON, rue Royale, n. 3, à Sèvres.

LOUVET, rue du chemin - de - Pantin,
n. 8.

LOYAU, avenue de la Motte - Piquet,
n. 8.

M.

MAÇON, à Fontenay-aux-Roses.

MALLET, ruelle des Paillassons, n. 10, à Vaugirard.

MANCIEAUX, rue de l'Orangerie, n. 34, à Versailles.

MANTEL, à Neuilly.

MARCEAUX, à Epinay.

MARCHAIS (Jean-Louis), à Antony.

MARCHAIS (Veuve), à Antony.

MARCHAND, rue de la Boulangerie, n. 48, à St.-Denis.

MARCHE, rue des Bons-Enfans, n. 18, à Versailles.

MARTINON, à Courbevoie.

MARTROU, rue de Charenton, n. 63.

MARY, rue Geoffroy-Lasnier, n. 17.

MASSON, avenue de Paris, n. 3, à Versailles.

MAT, rue Petigny, n. 3, à Versailles.

MAUGER, rue St.-Thomas-d'Enfer, n. 3.

MAUPIN , rue de la Pépinière, n. 24.

MAXIMIN (Adolphe), à Courbevoie.

MENIEL , rue d'Aval , n. 14.

MENOUX , rue de Sèvres , n. 45.

MERGÉ (Jacques-Julien) , rue des Brodeurs , n. 27.

MONGUIN (François-Guillaume), à St.-Germain.

MONGUIN (Pierre), chaussée du Maine, n. 3.

MOREL, rue Croix-Nivet, n. 13, à Vaugirard.

MOUCHY , rue du faubourg-St.-Antoine, n. 185.

N.

NAMUR, boulevard Saint-Antoine, n. 17.

NEVEU (Veuve), à Champigny.

NICLOT , rue de la Roquette, n. 35.

O.

ORSET, au Bourg-la-Reine.

P.

PARIS, rue du Bol-air, n. 26, à Versailles.

PAULIN, à Ruelle.

PECHESTON, Grande-Rue, à St.-Cloud.

PENIN, à St-Cloud.

PENLOU, rue Saint-Jean, n. 4.

PERDU, rue de la Fidélité, n. 16.

PEROU, à Neuilly.

PERRIER, à Sanoir (Seine).

PETIT (Veuve), à Courbevoie.

PICHON, à la Chapelle-St.-Denis, n. 19.

PIJOULAT, à Charenton.

PINARD (Jean-Baptiste), à Pierrefitte.

PINARD (Jérôme-Marie), à Pierrefite.

PINET, à Neuilly, n. 46.

PLAUT, à Versailles.

PONTUS, rue Sainte-Catherine, n. 2,
    (Observatoire).

POUSSARD, à Charenton-le-Pont.

PRIEUR (Charles-Étienne), rue Rous-
    selet, n. 2.

PRIEUR (Louis-Jacques), rue des Brodeurs, n. 15.

PRIEUR (Thomas-Jean-Franç.), à Courbevoie.

PRIOUZET, à Vincennes.

R.

RABOUIN (Louis), rue des Chantiers, n. 62, à Versailles.

RAGOT (Constant), place Saint-Michel, n. 8.

RAGOT (Pierre), à Longjumeau.

RAGOT fils (Pierre), place Saint-Michel, n. 8.

RAUX, rue de Vaugirard, n. 46, à Sèvres.

REMY (Albert-Joseph) , rue du Chenil, à Versailles.

REMY (Veuve), à la Chapelle-St.-Denis, n. 37.

RENAUT, rue de Sèvres, n. 101.

RICHARD, rue du Bon-Puits, à la Chapelle.

RICHARDON , Grande-Rue , à Sèvres.

ROBERT , à la Chapelle , n. 33.

ROGER , à Berny (Seine).

ROIDOT, Place Royale, n. 3, à Saint-Denis.

ROLAND , rue Rousselet , n. 21.

ROUARD (Jean-Baptiste), rue de la Roquette, n. 8

ROUARD (Nicolas) , rue Saint-Jacques,
n. 356.

S.

SANDRAS , rue Saint-Jacques , n. 264.

SARRAT (Jean), rue de la Voirie, n. 20.

SCAPRE , rue Satory , n. 23 , à Versailles.

SCHWING , à Ruelle.

SEGRETIN , rue de la Roquette , n. 48.

SENELLE (Paul), à Poissy.

SIMON , rue de la Roquette , n. 48.

SIMONNET , à Versailles.

SOMME , à St.-Germain.

SOUCHET (Antoine-Nicolas) , au Bourg-
la-Reine.

SOUCHET (Pierre-Michel), rue Saint-
Maur, n. 32, (Temple).
STAFFE, rue de la Vierge, n. 9.
SURBAU, à Courbevoie.

T.

TAILLEUR, Grande-Rue, n. 19, au
Bourg-la-Reine.
TARLAY, Marché Beauveau, n. 7 (Quinze-
Vingts).
TAVERNIER (Louis-Alex.), rue du Cen-
tre, n. 193, à Vincennes.
TAVERNIER (Charles), rue du Cygne,
n. 6.
TESTARD, Grande-Rue, n. 33, à
Neuilly.
TESTEFORTE, à la Chapelle Saint-
Denis, n. 22.
TIOLA, (Ve) rue St-Jean, n. 4.
TISSIE, à Pierrefitte.
TISSOT, à Charenton.

TITRÉ , rue Saint-Anastase , n. 9.

TONDA, à Chatenay.

TORMEL , boulevard Saint - Antoine , n. 17.

TOULOUSE, grande rue de Vaugirard, n. 89.

TOURTE , à Duguy.

TRAVERS, à Vincennes.

TREMBLAY , au petit Mont - Rouge, n. 55.

TROUILLET, (Antoine), à Montbreuil.

TROUILLET (Henri), à Epinay.

.TROUSSE , rue de la Colombe, n. 7 , à Courbevoie.

V.

VALLÉ , rue des Chantiers, n. 5, à Versailles.

VILLERET , rue de Chevert, n. 8.

VINO, rue au Pain, n. 4, à Versailles.

VOLOT, rue St.-Jean, n. 4.

VOYETTE (Jean), au Bourg-la-Reine.

VOYETTE (Nicolas - Mathurin), au Bourg-la-Reine.

PARIS. — IMPRIMERIE D'ANT. BÉRAUD,
rue du Foin-Saint-Jacques, n° 9.